Liderazgo dondequiera

Elbia Quiñones Castillo

P
P
Power Publishing
Learning Systems

Liderazgo dondequiera

Relevo de responsabilidad. El lector no debe considerar las recomendaciones, ideas y técnicas expresadas y descritas en este libro como absolutas. Este material de referencia está sujeto a la discreción del lector y de su riesgo. Utilice el libro como una guía. Los cuestionarios *Comunicación 101* y *Liderazgo 101 son guías de reflexión*.

Crédito especial al escritor Rubén Huertas por su colaboración en las siguientes lecciones de liderazgo: *El lenguaje de los líderes, La batalla de la mente, El llanero solitario* y *El cuarto de los sueños*.

Crédito especial tanto al señor Pedro Ruidíaz por la foto de la autora de la página completa como a PixaBay.com por la foto (CCO) que aparece en *Tienes que sentirlo*. El resto de las fotos fueron adquiridas en Canstock.com. Fotos familiares, de El Morro y del Pare son cortesía de la autora.

AZ DP 18 17 16 03 15 16

Power Publishing Learning Systems™
PO Box 593
Caguas, PR 00726
info@powerpublishingpr.com
www.powerpublishingpr.com

ISBN 978-0-9961067-6-4

Este libro se lo dedico a mi hermana Weyna y a mi compañero Rubén. Ambos me han enseñado con intención a valorar la vida a través de múltiples lecciones de liderazgo y, sobre todo, a reciprocar amor a los más necesitados.

Contenido

Introducción   xi

Parte I: El proceso de ser un líder   1

    Tienes que sentirlo   3

    El lenguaje de los líderes   9

    Escucha tus pasos   17

    Limpia tu alma   21

    La batalla de la mente   31

Parte II: El carácter de un líder   39

    De punta en blanco   41

    Liderazgo de película   47

    Voy subiendo, voy bajando   53

    La fuerza está contigo   57

    Las medias no cuadran   61

Parte III: Liderar con otros   67

    TOC, TOC   69

    Aro doblado   75

    Falta una cuerda por afinar   81

    Cuestionario: Comunicación 101   85

    El llanero solitario   87

    Desde la ciudad al campo   95

Parte IV: Sé humano   **101**

     Busca un espacio para sentirte humano   103

     Líder de tus sueños   109

     Liderazgo en la sangre   115

Parte V: Disciplina para crecer   **119**

     El cuarto de los sueños   121

     Cincuenta libros de crecimiento   127

Parte VI: Pruebas de resiliencia   **137**

     Cuando una puerta se cierra, otra se abre   139

     El hombre de acero salvado por su hija   143

     La belleza está en tu corazón   149

     Luché contra un tiburón   155

     No es fácil, pero se puede   161

Citas de liderazgo   167

Mensaje final   193

Cuestionario: Liderazgo 101   196

Conozca a la autora   197

Índice   203

Material educativo de la casa editora   215

Introducción

El liderazgo se encuentra dondequiera. No es solo de aquí ni de allá. Tampoco pertenece a un solo lugar o región. No pertenece solo a los ricos o solo a los pobres. No pertenece solo a los educados formalmente o aquellos educados formados por la mejor escuela, la vida misma. Es de todos. Lo vemos en cada rostro humano que se lidera a sí mismo primero y luego influye en otros para añadir valor a sus vidas, para transformar sus pensamientos y acciones. La realidad es que todos podríamos convertirnos en líderes si quisiéramos; sin embargo, pocos tienen la intención de lograr que otras personas evolucionen para ser mejores humanos y ciudadanos en el mundo.

En este libro comparto historias de seres que se conectaron en mi camino de vida con un propósito. Me hicieron entender que el liderazgo está dondequiera, que sus fundamentos y principios se viven en todas partes desde un taxi con un conductor lleno de esperanza, esperando un turno en un salón de belleza, en un seminario, en el campo, en un avión, escuchando las historias de nuestros abuelos, en fin, dondequiera. Son las lecciones más simples de liderazgo, las más profundas y cautivas para mí. De igual manera, para evaluarte como líder, encontrarás dos cuestionarios sencillos y una sección de citas de liderazgo para reflexionar, puesto que a través de la sabiduría de sus autores evolucionamos también. Disfruta y comienza a ver que **el liderazgo sí está dondequiera. Atrévete a influenciar a los demás.**

Elbia Quiñones

Parte I

El proceso de ser un líder

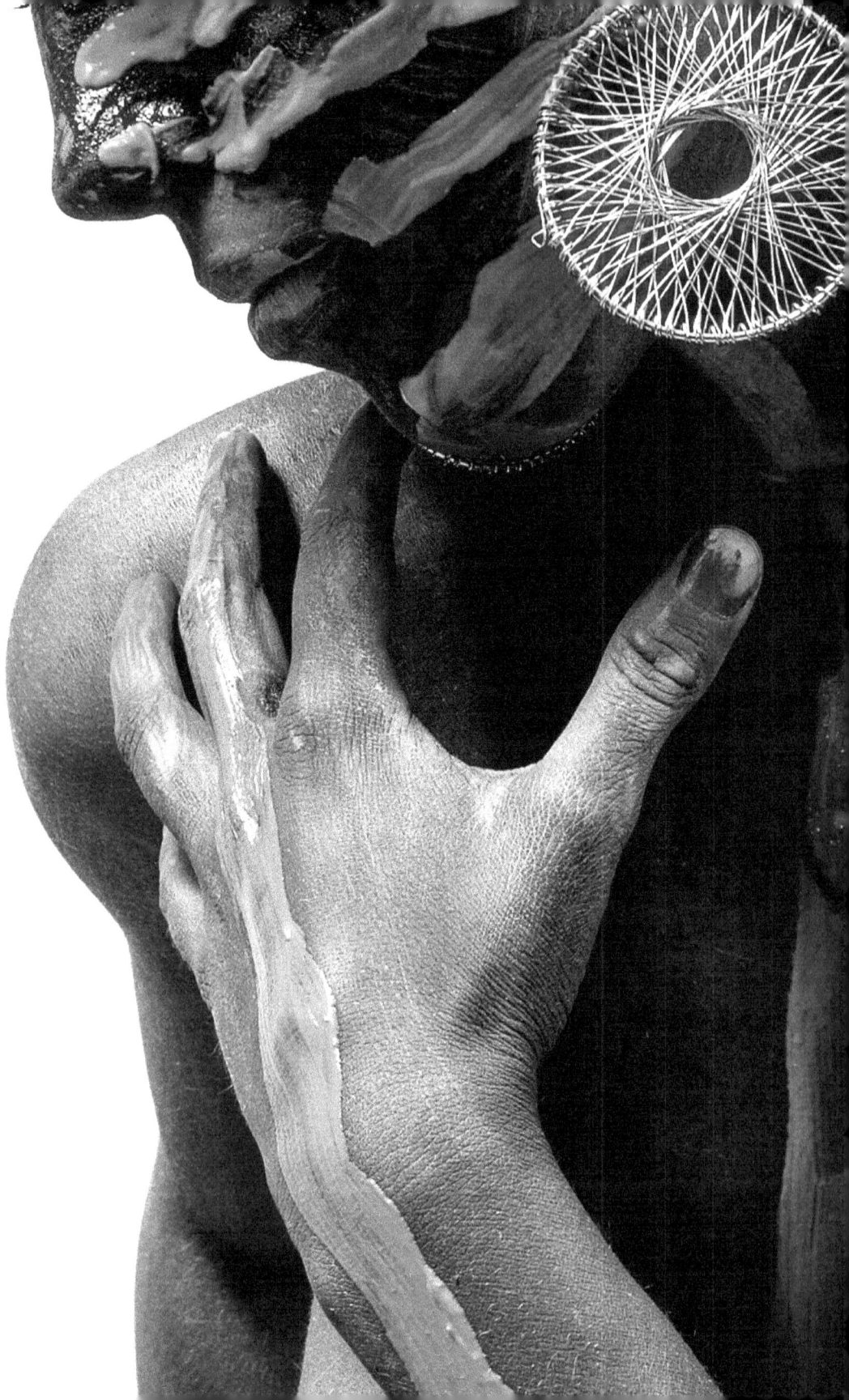

Tienes que sentirlo

En un seminario de excelencia y liderazgo para los empleados de una institución hipotecaria se suscitaron varias acciones que me llamaron la atención. Primero, percibí que los empleados no querían estar allí. Sus rostros, posturas y comentarios lo decían todo. Sin embargo, en la medida que transcurría el seminario, la actitud de estos cambió. Comenzaron a sentirse cómodos, animados y atentos a lo que el orador compartía. Sentí que de alguna manera las palabras y acciones del orador llenaron de júbilo a los participantes; sobre todo, proveyó muchas herramientas y estrategias útiles para incorporar en sus vidas y trabajos. Segundo, al concluir la intervención del orador invitado, el gerente, el llamado líder, comenzó a regañar con voz alta a los empleados por tener una baja producción en ese mes. Los empleados avergonzados solo bajaron la cabeza. Se desconectaron de la gran evolución que habían tenido esa mañana.

Mientras esto ocurría el orador aún se encontraba en el área y al escuchar las palabras del gerente, su rostro se transformó. Precisamente había compartido cómo unir y fortalezar los miembros de los equipos de trabajo para alcanzar la excelencia. Definitivamente, el acto de regañar a los empleados de forma ruda no acercaba al gerente en el camino de la excelencia en el liderazgo empresarial.

El líder mundial y autor Dr. John C. Maxwell claramente nos enseña que el líder tiene que sentir que su función es influenciar de manera positiva a quienes sirve. Un líder sin seguidores, no es líder. Son estos los que dan paso a la definición de convertirnos en líderes, de darnos la oportunidad de probar que podemos primero ser líderes y segundo, de que podemos crear un legado cuando desarrollamos otros líderes. Esto conlleva a plantearnos una pregunta crucial, en el mundo empresarial, familiar o religioso. Como líderes, ¿estamos dispuestos solo a dirigir o estamos dispuestos a dirigir y desarrollar a las personas? Son acciones completamente distintas. Para desarrollar líderes tenemos que estar dispuestos a escuchar, observar, hacer introspección diaria, hacer preguntas a los equipos de trabajo con el fin de que ellos busquen las respuestas, suspender nuestro ego antes de evaluar y transformar que solo el 'yo' brille por querer que brillen 'los demás'. Es como nuestro aceite mental, según comparte el líder de negocios Rubén Huertas. Cuando cambiamos nuestro aceite mental para enfocarnos en que los demás sean más valiosos, logramos atraer a otras personas para que acepten que tienen posibilidades de ser líderes también.

La actuación del gerente que se aleja del verdadero líder que desarrolla más líderes hizo que recordara una experiencia que tuve hace quince años con otra gerente. En ese momento quería ampliar mis conocimientos en el área de manejo de proyectos puesto que propiamente era la persona encargada de todas las etapas de los proyectos sin tener oficialmente el título y los adiestramientos. Fui a su oficina y le comenté que deseaba tomar un adiestramiento formal. Pasaron dos cosas: primero, me comentó que estaba en el tope de la compañía y que ya no había más adiestramientos para mí. Segundo, para atender mi solicitud de adiestramiento, sacó de una caja sucia y llena de polvo una grabación en vídeo para que la revisara. Dio la vuelta y no habló más. Me sentí frustrada y decepcionada. Quería ser mejor y aprender nuevas estrategias para manejar proyectos y añadir más valor a la compañía y a sus clientes. Sentí que me cortaron las alas del crecimiento. Sentí que al líder no le importaba mi desarrollo personal o tener las posibilidades de evolucionar como una líder en el proyecto.

En muchas ocasiones los que tienen el poder y la autoridad formal creen que son líderes porque aparecen meramente en el organigrama de una compañía. La realidad es que si no sienten que pueden mostrar el camino de la excelencia a quienes lideran, no son líderes.

Eso hace que cuestione lo siguiente: ¿Dónde está la pasión por lo que hacen? ¿Qué pasó con las habilidades de comunicación? ¿Qué pasó con la capacidad de influenciar a otros para que sean mejores? ¿Qué ejemplo dan a los demás? ¿Cómo pueden exigir compromiso y lealtad a los empleados cuando ellos no lo tienen? Son algunas preguntas para reflexionar sobre lo que se espera de un líder y cómo sus acciones alteran el camino del crecimiento de quienes deben servir.

Dr. J. B. Jones (James Breckenridge Jones), el mentor del exitoso empresario y orador Earl Shoaff, decía que en la vida debemos velar por cuatro principios: la *integridad*, la *fe*, el *valor* y la *humildad*. Cada uno nos lleva a mirar nuestro interior, a levantarnos y a enfrentar la vida sin miedo, a saber quiénes somos y a conocer nuestra verdadera relación con el Creador. Son estos principios los que hacen que un líder se autoevalúe y determine cuánto valor puede añadir a sí mismo y por ende, a los demás. Es una manera de alcanzar la excelencia. Su discípulo Earl Shoaff, a su vez, afirmaba que el sello de la excelencia no se encuentra en lo que la persona hace con su vida. Se encuentra cuando ayudamos a otros a descubrir que ellos también pueden convertirse en seres llenos de excelencia. Por lo tanto, para ser un líder *tienes que sentirlo. Tienes que sentir que quieres liderar y servir* ¡No tienes otra opción!

Por otro lado, esta experiencia me enseñó que tenemos que perdonar. Un líder que se mantiene cuestionando lo que pasó y cómo lo hirieron todo el tiempo, pierde efectividad. Debe pasar la página. En una conversación publicada por Victor Chan con el Dalai Lama se profundizó sobre la capacidad de perdonar. El Dalai Lama compartió que el perdón nos permite estar conectados con las emociones positivas y que, a su vez, ayuda a nuestro desarrollo espiritual. Las emociones como el odio y otras que son destructivas requieren que uno desarrolle sus polos opuestos: compasión y bondad.

Para esto, el Dalai Lama utiliza la técnica de dar y tomar (*giving and taking*). Esta consiste en meditar, respirar y visualizar. En la meditación se visualiza que se inhalan y exhalan (tomar) todas las emociones negativas (odio, miedo, crueldad) las cuales son reemplazadas (dar) con emociones positivas (compasión, perdón). Los venenos de la vida se transforman en alegría, afectos y generosidad, sin culpar a nadie. Por eso, cada líder tiene que estar dispuesto a perdonar para que con su ejemplo invite a otros a crecer. La clave es que tiene que sentirlo. **Tú, ¿qué sientes?**

El lenguaje de los líderes

Colaboración de Rubén Huertas

Los líderes no hablan como las demás personas. Estos tienen un lenguaje muy especial y distinto al de las masas. Esto es así porque los líderes piensan de manera diferente. Su enfoque está siempre dirigido a su visión de futuro y el mejoramiento de aquellos que lo rodean. A veces es difícil hablar durante mucho tiempo con líderes porque la persona promedio desea conversar sobre temas de cosas que ya han pasado. Mientras más poderoso sea el líder, menor será su interés en conversar sobre lo que ocurrió ayer.

Los logros del pasado son únicamente un pequeño escalón dentro del ideal de sueños que el líder tiene en mente. No todo el mundo puede hablar de sueños. Hablar de sueños implica ilustrar ideas y conceptos que aún no se han materializado. La mayoría de las personas hablan de cosas tangibles y fácilmente accesibles. Sin embargo, el canvas de un líder es precisamente un espacio donde se forjan sueños, ideales y un mundo mejor. El líder tiene el cometido y obligación de fijar objetivos alcanzables a la vez que provee las herramientas necesarias para lograr los mismos, capitalizando en las fortalezas de su equipo.

Un líder trabaja para pulir y clarificar cada día más su misión, visión y mejor manera de alcanzar el ideal de la organización. Un líder nunca está satisfecho con su trabajo. Siempre busca mejorar la situación y posición de la organización. Esto no significa que no aprecie lo logrado, sino que conoce que siempre hay un nuevo nivel para alcanzar y desea ardientemente ayudar a su equipo a alcanzar este ideal. Se dice de Coco Chanel, la afamada diseñadora de modas, que cuando trabajaba buscaba siempre alcanzar un nivel más alto de excelencia con cada pieza que creaba.

Un líder es humilde y siempre se mantiene mejorándose y creciendo. Este proceso de crecimiento continuo hace que el líder sepa lo poco que conoce. Mientras más se aprende, más se entiende lo lejos que estamos de aquello que es posible. Los que piensan que han logrado grandes cosas y que lo saben todo, carecen de la habilidad de aportar a los demás porque están encerrados dentro de sí. En el liderazgo no existe espacio para grandes egos. Cuando la persona se centra, aleja a potenciales líderes. Tradicionalmente estas personas piensan que son líderes cuando en realidad lo que pudieran tener es un cargo o título que les confiera autoridad. Pudiera ser que fueran excelentes administradores. Sin embargo, ser un líder requiere una fortaleza mucho mayor y habilidades y destrezas muy diferentes a aquellas de un administrador o simplemente alguien con autoridad. Ser líder requiere una actitud y un carácter en particular. Estos pueden ser desarrollados con la ayuda de otros líderes. El camino es fascinante aunque el mismo requiere un compromiso inquebrantable consigo mismo y para con los demás.

Todo aquello que vale la pena lograr en la vida se encuentra cuesta arriba. Esto requiere que durante el camino ascendente vayamos desarrollando las destrezas y habilidades necesarias para hacernos eficientes en el próximo nivel. Podemos pausar un breve momento para contemplar y disfrutar lo alcanzado hasta ahora, pero no podemos estancarnos en estos logros. El éxito en el liderazgo es como subir una escalera. Cada peldaño te acerca al próximo. Alcanzar el peldaño no es la meta, sino una parte del proceso de continuar subiendo.

Algunas personas se preguntan cuánto tiempo tomará prepararse para ser un buen líder. Desafortunadamente, el liderazgo no es una receta de cocina que tiene un tiempo determinado para completarse. El desarrollo del liderazgo es un proceso que toma toda la vida. El deseo de desarrollarse como líder es un estilo de vida, no una asignatura temporera. Decía el decano del desarrollo personal, Earl Nightingale que si nos dedicamos a estudiar una tarea por una hora diaria durante cinco años consecutivos, eventualmente seremos expertos en el tema. Sin embargo, lo que ocurre después de cinco años es que conocemos lo suficiente para entender cuán lejos podemos llegar si continuamos creciendo. En otras palabras, alguien que decida seguir el consejo de Earl Nightingale y dedicarse a crecer durante cinco años, descubrirá que este tiempo no es suficiente para conocerlo todo. No obstante, el mismo es perfectamente adecuado para capacitarte con la fortaleza necesaria para seguir perseverando en el tema escogido.

El liderazgo es cuantificable. Podemos fácilmente establecer el nivel de efectividad de un líder. Logramos esto identificando la cantidad de líderes que se ha desarrollado como resultado de la influencia del líder principal. Mientras más grande sea la influencia de un líder, mayores aportaciones veremos a su alrededor. También seremos testigos del valor que se añade al ambiente de la organización. El valor es tangible y puede distinguirse entre diferentes tipos de líderes. Cuando un líder de poder toma las riendas de una organización, se nota. El lenguaje del líder comienza a escucharse en los pasillos. La actitud del líder comienza a contagiar a otros y lo que en un momento pudo haber sido un ambiente negativo y cargado de vibraciones desalentadoras, ahora es un lugar lleno de esperanza, entusiasmo y deseos de alcanzar grandes logros.

El lenguaje de un líder es el resultado de haber encontrado su razón de ser y de haber identificado el por qué de sus intenciones. Cuando podemos claramente enunciar el porqué de nuestra razón para liderar nos deshacemos de aquellos estorbos que se convierten en un tropiezo en el camino. El por qué te ofrece dirección y también te capacita para tomar decisiones acertadas con respecto a aquellos elementos que representan el mayor valor añadido para la organización evitando así invertir tiempo en tareas que no son urgentes ni importantes, pero que muchas veces pueden consumir el tiempo del líder.

El liderazgo es una obra de arte que nunca se termina. Utilizamos la palabra para dirigir nuestros esfuerzos y desarrollar a nuestro equipo. La palabra tiene un poder incalculable. Nunca sabremos exactamente el alcance de aquello que hemos pronunciado. Lo que sí sabemos es que el impacto creado por el lenguaje del líder tiene un efecto trascendental. Debemos cuidar nuestro lenguaje y mejorar cada día más la manera intencional con la cual utilizamos nuestro mensaje. El líder tiene una función dual, es al mismo tiempo, el mensaje y el mensajero. Mientras más compenetrados estén estos dos, más eficientes serán los esfuerzos realizados. La meta final es que todo líder se convierta en su mensaje y que todo mensaje se convierta en un líder. Cuando un líder alcanza la fusión de estos dos, logra cosas extraordinarias. Nuestra sociedad necesita urgentemente de personas desprendidas dedicadas al mejoramiento de la humanidad. Esto no puede ser un esfuerzo a medias, sino un compromiso total y absoluto. La responsabilidad de un líder es muy grande y no puede circunscribirse únicamente a su organización.

El liderazgo es una disciplina que trasciende lugares y épocas tocando la vida de personas que tal vez nunca lleguemos a conocer, pero que a través de la influencia generada por nuestras palabras y acciones, se benefician de manera magnánima y a su vez comparten dicha aportación con otros que nosotros nunca hubiéramos tenido la oportunidad de alcanzar. Ese es el poder que tenemos en nuestras manos como líderes y todo comienza con el lenguaje correcto.

¿Cómo aplico lo aprendido?

_____

_____

_____

_____

_____

_____

_____

_____

_____

_____

_____

_____

_____

_____

_____

Escucha tus pasos

Trataba de dormir; no obstante, el ruido incesante de las gotas de agua que caían sobre la superficie de la ventana era mayor que el ruido melodioso de la noche. Busqué un remedio sencillo para bloquear el sonido del agua: tapar mis oídos. Esta acción hizo que escuchara con atención mis pasos mientras caminaba de un cuarto a otro. Me di cuenta que caminaba con fuerza y muy firme.

En la vida escuchamos la dirección de nuestros pasos de distintas maneras cuando:

1) hemos decidido actuar y otros copian nuestro comportamiento. Nuestras decisiones impactan las vidas de quienes nos siguen.

2) nuestras palabras añaden valor a los demás para entender lo que quieren lograr en sus vidas.

3) reconocemos aquello que impedía nuestro desarrollo y celebramos esta victoria de crecimiento.

4) llevamos del pasado las lecciones aprendidas y evaluadas para crecer en el presente.

5) decidimos estirarnos y dominar nuestro liderazgo.

Esto me hace recordar a una estrofa de la canción *Nuestros Pasos* del celebérrimo cantautor argentino, Facundo Cabral, que decía así: *"No me pidas que me quede si por andar te he encontrado, que nuestros pies no interesan tanto como nuestros pasos"*. Esta estrofa invita a la reflexión en los pasos del liderazgo. Como líder: ¿Qué denotan tus pasos? ¿Qué fuerza le falta a tus pasos? ¿Hacia dónde van tus pasos? Un líder tiene que saber hacia dónde va y, sobre todo, debe aprender a detenerse para escuchar cómo sus pasos y decisiones afectan la vida de los demás.

Por otra parte, cuando pasas por alguna situación muy dura en tu vida, también te cuestionas cómo son tus pasos y te planteas algunas de estas preguntas:

1) ¿Cómo seguiré caminando si me siento sin fuerza?

2) ¿Qué fuerza me mantendrá viviendo?

3) ¿Tendré la suficiente fortaleza mental para levantarme y regresar con más fuerza?

4) ¿Qué aprendí de ese golpe duro de la vida?

En estos golpes duros necesitamos motivarnos, inspirarnos y manejar el reto. Ese golpe que trata de tumbarnos y no levantarnos. Cuando me siento sin fuerzas, recuerdo a mis abuelos maternos. Lucharon contra las enfermedades, severos huracanes, el fallecimiento temprano de sus padres y hasta la partida precipitada de cuatro hijos con el Creador. Siempre demostraron que eran responsables de dar el ejemplo y de que teníamos que seguir viviendo con fuerza, integridad, honestidad, alegría y mucho humor. Mamita y Papito parecían robles, actuaban como robles y vivieron hasta el final como robles. Nunca se doblegaron ante las situaciones o circunstancias que no podían controlar; solo podían aprender de ellas.

En la historia hemos visto muchos ejemplos como estos. En una entrevista de Sugar Ray Leonard sobre la pelea de boxeo del 20 de junio de 1980 con Roberto Durán, este mencionó que él se preguntaba en cada *round* si debía salir a pelear cada vez que tocaban la campana. Se contestaba que no podía darse por vencido, aunque representara su muerte. Fue un momento de reflexión poderoso. Cómo no rendirse sin importar las circunstancias que estás viviendo en ese momento. Otro ejemplo de no rendirse es la atleta keniana Hyvon Ngetich que en el 2015 llegó gateando a la meta durante el maratón de Austin, Texas. Lideraba la carrera, luego se desplomó y sin condiciones para continuarla, optó por no rendirse. Llegó gateando y escuchando sus pasos de valentía. Eso es un gran ejemplo de liderazgo y carácter. Por eso, **como líder, ¿estás escuchando tus pasos?**

Limpia tu alma

Hoy me levanté con el ánimo y la intención de hacer una de mis tareas favoritas, descartar objetos y organizar por categoría. Cuando llené siete bolsas de accesorios que no utilizaba y que tampoco aportaban brillo a mi vida, me percaté que eso mismo se requiere en el liderazgo. En algunas ocasiones los líderes se adornan de accesorios que los alejan de su propósito principal, servir a los demás y crear un legado de líderes preparados.

Esos accesorios se conforman por la vanidad, la arrogancia, gestos excesivos de poder, la indiferencia y la ambición egoísta. Desde políticos corruptos, manejadores de fideicomisos o inversionistas que dejan en la calle a miles de personas cada día hasta líderes laborales y líderes familiares que se corrompen por el olor embriagante y nefasto del dinero cuando solo actúan para sus intereses.

Un líder es honesto, íntegro y capaz de manejar el lado oscuro de la vida. Todos tenemos ese lado, es cuestión de cómo nos alejamos de este, cómo limpiamos el alma. En Proverbios 3:27, recibimos esta enseñanza: *"No retengas el bien de aquellos que lo necesitan cuando está en tu poder hacerlo".*

Por eso, te invito a mirar tu alma con estas simples preguntas. Después de todo, es una oportunidad de acercarnos al verdadero humano creado con grandeza.

1 ¿Qué tres accesorios podrías eliminar en la comunicación que no aportan valor a tu persona ni a quienes sirves?

_____

_____

_____

2 ¿Qué tres accesorios podrías eliminar en el liderazgo que no aportan valor a tu persona ni a quienes sirves?

_____

_____

_____

3 ¿Qué lecciones evaluadas compartirías con otro líder o compañero que tiene accesorios sin valor?

_____

_____

_____

Estas preguntas también tienen sentido para mí. Uno de los accesorios que ha impactado mi comunicación y liderazgo es que reconocí que tiendo a interrumpir con frecuencia a los demás en el proceso de entender sus ideas para el crecimiento general de los equipos de trabajo. Para que un líder gane respeto y credibilidad tiene que escuchar con intención a su gente. De igual manera, toca la relación con mi pareja. La realidad es que debo escuchar más y hablar menos. Ese protagonismo irreal que creo cuando escucho menos es vano porque es capaz de ahogar la relación de confianza con quienes lidero al igual que la relación afectiva con mis seres queridos.

Los expertos en comunicación, Boris Groysberg y Michael Slind, coautores del libro *Talk In: How Trusted Leaders Use Conversation to Power Their Organizations* (2012) enfatizan cuán importante es que la comunicación tenga un tono conversacional en las organizaciones para que se cree un ambiente de confianza y que a la vez sea verdadera, intencional, interactiva y con inclusión. ¿Por qué es importante este punto? Porque es una manera de hacernos entender que no necesitamos accesorios que distorsionen nuestra interacción y liderazgo con los demás. Ciertamente esto lo podemos transferir a cualquier otra dimensión de nuestras vidas. **Es claro que crecer como líder es una obligación; limpiar el alma, también.**

Bendice lo que tienes

¿Cuánta emoción puede generar el deseo de ayudar y actuar positivamente en nombre de los más necesitados, de manera que poco a poco se convierta en un movimiento global? Esa noche conocí a una verdadera líder que podría responder con pasión esa pregunta. Es una líder de amor, generosidad y compasión por los más necesitados. Se llama Glenda Liz Santiago y es la fundadora junto con su esposo de *Canastas de Bendición*, un movimiento que consiste en simplemente dar con intención y transformar una vida a la vez. Un movimiento que te hace ver cuán bendecido eres en la vida y cuánto más puedes ayudar a otros. ¡Es sencillamente hermoso!

Esa noche todo fue perfecto. Un cielo hermoso y claro. En el lugar entraban y salían con prisa los soldados de la esperanza, el ejército de amor de voluntarios que recogían canastas para entregar a puntos referidos por otros voluntarios. Llegamos y justamente ella nos recibió con una alegría contagiosa. Nos explicó la diferencia entre la necesidad y la pobreza. La necesidad es que una persona desee que lo quieran, lo escuchen, lo acompañen; la pobreza, cuando existe escasez de recursos económicos.

Sin embargo, ya sea por un vacío económico o emocional, se pretende de igual modo conectar con otra persona que probablemente no habías conocido hasta ese momento y a quien le llevarás una canasta en nombre de un anónimo que donó por amor varios productos comestibles o del hogar. Gracias a Glenda Liz, sentí que simplemente dar es un acto de amor y compasión que tiene el poder sanador de transformar tu vida. Es una forma también de bendecir lo que tienes y lo que tuviste.

Esa noche fuimos mensajeros de aquellos héroes anónimos que depositaron en las canastas sus buenos deseos y bendiciones para un alma que tenía una necesidad de sentirse amado esa noche y otros, que realmente necesitaban apoyo por sufrir situaciones financieras. Cada canasta de bendición era una canasta de esperanza y solidaridad. Esa noche dejamos todos de ser indiferentes. Esa noche dejamos de ser egoístas en la vida. Dimos paso a la empatía y a la apertura de la bondad. Esa noche la isla del encanto se transformó.

Un mes más tarde, mientras conducía hacia la oficina, escuché en la radio que nos preocupamos demasiado por cumplir con las reglas de la sociedad orientadas a no robar, no matar, no dañar la propiedad ajena; no obstante, nos olvidamos de cumplir con la regla más importante de la existencia humana: la de no ignorar el dolor humano, el dolor que roba la alegría por vivir. Esto hizo que me transportara a la noche de las canastas.

Como líder, Glenda Liz, toca nuestra esencia porque nos enfrenta a ese dolor humano, a ese dolor que muchas veces deseamos olvidar y lo vemos en las calles con los drogadictos que piden limosnas, en los hogares que cuidan ancianos abandonados por sus hijos, en las casas donde se maltratan menores o en las casas donde uno de los padres también es maltratado. De igual manera, esta líder, nos obliga a evaluar sin rodeos nuestra aportación a la sociedad, al mundo y cuánto estamos dispuestos a luchar por ese deseo ardiente de mejorar las vidas de los más necesitados. Lo más importante es que nos hace recordar que las acciones positivas levantan como olas de *tsunami* las voces de la bondad, la esperanza y el amor y que la actitud de valorar a los demás relegando nuestro ego nos acerca a la verdadera felicidad.

El escritor y orador Earl Nightingale decía que la intensidad que sentimos por una idea o una meta nos dirige con poder hacia nuestra plenitud. Las *canastas de bendiciones* nos conducen a la plenitud humana puesto que dejamos de ignorar con intención el dolor de los demás y nos hace **reconocer cuán bendecidos somos**. Decide que cada mañana y cada tarde añadirás valor a un grupo de personas. Solo así reciprocarás lo que has recibido.

Lista de personas para añadir valor — AM

Nombre	¿Cómo añadirás valor?

Lista de personas para añadir valor — PM

Nombre	¿Cómo añadirás valor?

La batalla de la mente

Colaboración de Rubén Huertas

Todas las batallas de la vida son batallas de la mente. Los retos, dificultades, oportunidades y éxitos de la vida son un reflejo directo de nuestra habilidad para manejar nuestra batalla mental. Los seres humanos y en realidad todo lo que existe está en un proceso constante de evolución. Lo mejor que podemos hacer es reconocer que esta es la manera en que operamos y decidir cooperar con nuestra propia evolución. Desde que nacemos hasta que morimos, evolucionamos. Esto es un proceso natural. Pero podemos tomar parte consciente de nuestra evolución y controlar más eficientemente nuestra vida a la vez que dirigimos la misma hacia nuestros objetivos futuros. Es como un barco en el mar. Si se deja a la deriva, no se sabe a dónde nos llevará, pero si controlamos el timón podemos dirigirlo hacia donde deseemos, sin importar en qué dirección sople el viento.

Precisamente esa es una de las partes más interesantes de navegar un velero. Uno nunca conoce en qué dirección el viento estará soplando cuando entramos en alta mar. En realidad no importa porque nuestra habilidad radica en manejar las velas de manera tal que utilicen el viento (en cualquiera que sea su dirección) para llegar a nuestro destino. La batalla del marinero radica en utilizar las velas para navegar su velero. Nuestra batalla radica en utilizar nuestra mente para dirigir nuestra vida.

Un buen ejercicio que debemos practicar de manera regular es visualizarnos hacia el futuro y ver nuestra vida en su totalidad. Para hacer esto adecuadamente, primero tenemos que recordar nuestro pasado. Evaluar cada etapa para identificar la proporción de nuestra evolución. Por ejemplo, recuerda lo más que puedas sobre el tipo de persona que eras cuando estabas en la escuela superior.

¿Cómo era tu personalidad?
¿Cuán comprometido estabas con tu futuro?
¿Cuáles eran tus tareas favoritas?
¿Cuántos eran tus ahorros?
¿Cómo manejabas tus situaciones personales?
¿Cuántas amistades tenías?
¿Cómo te veían los demás?
¿Cómo te divertías?
¿Cuál era tu pasatiempo favorito?
¿Cómo te alimentabas?
¿Qué cosas te gustaban?
¿Qué cosas NO te gustaban?
¿Cómo era tu condición física?
¿Cuán profundas eran tus disciplinas espirituales?
¿Cuál era el estado de tu salud?
¿Cuánto estudiabas en temas extracurriculares de tu interés?

Estas preguntas son un buen comienzo para establecer el nivel de evolución que tenías en ese momento. Procede, entonces, a contestar las mismas preguntas para el período de tu vida donde ya estabas trabajando de manera permanente y tu vida adulta comenzaba a tomar forma. Luego, contesta nuevamente las preguntas para el momento actual. Compara las respuestas y lograrás identificar con bastante precisión el nivel de tu evolución hasta el presente.

Nuestra mente controla nuestras vidas. Sin embargo, es la sociedad, la religión, el gobierno, la familia, los medios y nuestro entorno quienes controlan nuestra mente. Tenemos muchas veces que desaprender aquello que nos atrasa y buscar de manera intencional aquellas cosas que sí tienen el potencial de mejorar nuestras vidas y dirigir su curso hacia la obtención de nuestros más sinceros deseos. Tengamos en cuenta que cuando hablamos, cuando actuamos y cuando tomamos decisiones, muchas veces lo que estamos haciendo es reaccionar de la misma manera que aprendimos de un tercero. Aún cuando pensamos que estamos pensando, es probable que estemos emulando alguna de las personas que tuvo gran influencia en nuestra vida. Todo esto sin tener el más mínimo indicador de que estamos reaccionando de manera automática.

Requiere mucho esfuerzo, estudio y aplicación moldear nuestra opinión, libre en parte, de la opinión de los demás. Nunca podremos aislar en su totalidad la gran influencia que recibimos, pero sí podemos adoptar una actitud de mente abierta dispuesta a aceptar que algunas de las cosas que consideramos correctas, son incorrectas y que algunas de las cosas que consideramos incorrectas son correctas. Tenemos que asumir una actitud de cuestionarlo todo, independientemente de la fuente.

Este mismo tema que estamos discutiendo aquí tiene que ser cuestionado. Usted no puede tomarlo por hecho. Tiene que estudiarlo detenidamente y luego buscar información adicional y complementaria que le ayude a formar su opinión sobre el mismo. Mientras más información obtenga y estudie, mientras más comparta esta enseñanza con otros y la discuta, mayor su nivel de crecimiento y mejor su entendimiento y capacidad para tomar buenas decisiones.

Esto es la batalla de la mente. Conocer no es suficiente. El conocimiento no tiene la fuerza para derrotar los muchos años de opiniones y actitudes adquiridos que hasta hoy han moldeado su vida. Una buena prueba de que el conocimiento no tiene mucho poder sin un cambio real en la motivación de nuestra mente son los fumadores. Todo fumador conoce que fumar es muy dañino para la salud. Esto no es un secreto. No obstante, el alivio y satisfacción temporera que ofrece el fumar le gana la batalla a la mente que conoce que no debería hacerlo. Lo mismo ocurre con la comida. Todos conocen que algunas comidas tienen un contenido de grasas dañinas muy alto. Sin embargo, al momento de comer, nuestro historial de vida le gana la batalla a la mente que tiene todo el conocimiento práctico y preciso de cómo esas comidas afectan de manera negativa nuestra salud y sus posibles implicaciones en la duración de nuestra vida.

De igual manera, todos conocemos lo que tenemos que hacer para crear abundancia y crecimiento en nuestro negocio. No obstante, en ocasiones, hacemos caso omiso de estas acciones que conocemos nos llevarán a lograr nuestros objetivos, que a su vez crearán una mejor condición de vida en nuestro núcleo familiar. Nos saboteamos sin saber por qué. En otras palabras, perdemos la batalla de la mente.

Este proceso de autodestrucción lo podemos revertir. Aunque hayamos perdido algunas batallas, todavía podemos ganar la guerra. La manera más rápida y segura de tomar control sobre nuestra vida es la creación y utilización de sistemas de éxito. Los sistemas son la clave del éxito aún cuando carecemos de experiencias pasadas que validen nuestra capacidad de tener el éxito deseado de manera consistente.

Es por eso que los negocios de franquicias utilizan muchos sistemas. El 95% de todos los negocios nuevos fracasa en sus primeros cinco (5) años mientras que el 95% de todas las franquicias tiene éxito. Cuando estas fracasan es porque sus dueños comienzan a cambiar aquellos sistemas que ya han probado ser exitosos. Cabe mencionar que las mejores franquicias NO toleran a los dueños que intentan cambiar estos sistemas y le quitan estas franquicias, según acordado en sus contratos. Si usted desea tener éxito en abundancia en su vida y su negocio, necesita implantar sistemas que lo lleven al mismo y ser estricto con la implementación de los mismos. La ventaja de operar un negocio con sistemas es que le permite llevar una rutina diaria fácil de seguir.

Únicamente, implemente lo acordado en el sistema y los resultados se encargarán por sí solos. Recuerde seguir el sistema al pie de la letra y sin atajos. El esfuerzo intermitente produce resultados intermitentes. Lo que usted desea es controlar su vida y su negocio. Para lograr este control tiene que adherirse al sistema establecido.

Es vital conocer que los sistemas tienen que monitorearse para realizar ajustes por el camino. Esto no significa que ajusto el sistema sin haberlo probado por completo durante un tiempo razonable. Algunas personas quieren ajustar el sistema a su estilo sin haber probado el sistema completo. El problema con esto es que la mayoría de las veces, su estilo no es un sistema ni se ha probado su efectividad. Es meramente una preferencia. Una preferencia puede llevarte a destruir el sistema probado.

Un claro ejemplo de esto son las personas que compran carros nuevos y lo primero que hacen es cambiarle el tamaño de sus gomas, bajar el sistema de suspensión y tal vez hasta instalarle equipos de audio que ocupan todo el baúl del carro. Parece absurdo que alguien voluntariamente modifique un auto completamente nuevo. El resultado es la reducción de la funcionalidad del mismo. Lo importante en este ejemplo es identificar por qué la persona ha hecho esto. Puede imaginarse que esta persona tiene gran influencia de su entorno. Un grupo de personas de influencia que evidentemente controla las acciones y el pensamiento del individuo. Lo mismo nos ocurre a nosotros de forma que tal vez no sea tan obvia. Es por eso que si en realidad deseamos seguir el camino hacia el éxito debemos identificar los sistemas adecuados, implantarlos y solo de esta manera ganaremos la batalla de la mente.

Parte II

El carácter de un líder

De punta en blanco

Cuando pequeña escuchaba a mi abuela decir que mi madre, María Lucía, nos vestía *de punta en blanco*. Cada domingo y en cada celebración de la familia usábamos vestidos con faldas voluminosas que se conjugaban con las medias españolas y los lazos grandes para el cabello. Perfección total. Ni un detalle se le escapaba. Siempre nos preparaba con amor para entrar a la reunión familiar, de manera equilibrada y con elegancia.

Esa frase *de punta en blanco* resonó en mi vida por mucho tiempo. Decidí estudiar sus raíces. Encontré que su origen se remonta a la época medieval cuando un caballero entraba a un combate totalmente armado de pies a cabeza, de *punta en blanco*, con la espada desenfundada, para defenderse y atacar cuando fuera necesario. El caballero entraba con actitud de lucha.

En el caso de mi madre, nos preparaba para compartir con la familia. Sin embargo, era una manera de demostrar que tenía la capacidad de cuidar y manejar meticulosamente cada detalle para que nuestra proyección fuera impecable. Si reflexionamos en las luchas diarias del líder, este también se viste *de punta en blanco* para estar preparado ante cualquier situación o prueba que se le presente. Su armadura se conforma de los siguientes detalles:

- sabe quién es

- se respeta

- sabe qué quiere y por qué quiere liderar

- ve los fracasos como aprendizaje

- se comunica libre y directamente

- sabe cómo alcanzar metas a través de sus acciones

- es un observador incansable

- actúa aunque haya riesgos

- aprende de otros mentores

- promueve la innovación y la educación

- reflexiona sobre las acciones realizadas

- restaura la esperanza; siente empatía por los demás

- aprende de sus experiencias pasadas y presentes

- se destaca por su energía para liderar

- sabe escuchar más y hablar menos

- su carisma mueve a la gente para que actúe

- confía en sí y en los demás

- sabe cómo inspirar a los demás, sobre todo en momentos de adversidad

- lidera con su ejemplo de excelencia

- no se da por vencido

- maneja y comparte retos para unir a su equipo

- desarrolla confianza y credibilidad para trabajar en equipo

- sabe cuándo decir NO

- desarrolla resiliencia

- bendice su presente y su futuro

- celebra cada victoria parcial de su equipo

- se enfoca en el reciclaje profesional de su equipo o miembros de su familia

- reciproca lo que recibe, de manera positiva

- es auténtico, se gana el respeto de los demás

- practica la gratitud

- vive con integridad, honestidad y justicia

- crea y establece alianzas

- usa sus fortalezas para que otros alcancen de manera intencional su máximo potencial

- maneja el perdón para sí y para los demás

Por eso, que a tu armadura *no se le note la costura*. Esto ocurre cuando un líder quiere aparentar lo que no es, trata de esconder su verdadera esencia. Antes de que arrestaran al asesor de inversiones y ex presidente de la bolsa de valores electrónica NASDAQ y filántropo, Bernard Madoff, este parecía que era un líder encantador, confiable y alejado de la sombra de estafar al planeta entero. Sin embargo, en el 2008 fue reconocido como el nefasto líder que cometió el robo de cincuenta billones de dólares, el mayor fraude de valores del mundo. Dejó a miles de familias sin sus fondos de retiro. Simplemente, se *le notaba la costura* y lo peor fue que los responsables de vigilar por nuestra salud financiera se hicieron los ciegos ante las denuncias consistentes del gerente de inversiones Harry Markopolos quien desde 1999 expuso dicho fraude. Su armadura sólida le permitió seguir luchando hasta que en el 2008 arrestaron a Madoff. ¡Fue un líder!

Dondequiera tenemos líderes a quienes *se les nota la costura,* sus armaduras no son sólidas. En la serie norteamericana *Damages,* el personaje de la abogada litigadora Patty C. Hewes pocas veces comparte palabras que nacen de un corazón sincero para ayudar a los demás; no obstante, en un episodio nos sorprendió cuando mencionó a su discípula Ellen Parsons, que uno gana cuando pone a los demás primero antes de que uno mismo gane. Un líder siempre busca que el otro sea mejor.

Esa frase quien mejor la personifica es el Dr. John C. Maxwell. Conocí a este increíble líder y comunicador en el 2011 mientras participaba de una convención de Toastmasters International® en Las Vegas. Tan pronto lo saludé y le di la mano, sentí un *corrientazo* que jamás había sentido. Mientras comparto esta experiencia se asoma una gran sonrisa en mi rostro de tan solo recordarlo. Ese día fue el comienzo del proceso transformador más profundo que he tenido en cinco años. Ese maravilloso comienzo hizo que participara de un evento de certificación con el *Equipo de John Maxwell®* en el 2013 en Florida. Escuchar con atención sus enseñanzas, la calidez y la fuerza de sus palabras al igual que sus lecciones de liderazgo, aprendidas y evaluadas en la vida, fue una experiencia de crecimiento sencillamente espectacular, fuera de serie.

De sus innumerables enseñanzas la que más ha calado en mi corazón es la de siempre añadir valor a los demás mientras se crea un legado de líderes. Nacimos para crecer, evolucionar y transformarnos. Una vez transformados, es nuestra misión lograr que otros sean más grandes que nosotros. Esa es la grandeza de un líder. Eso es parte de vestir *de punta en blanco*.

Liderazgo de película

Cuando una película hace que reflexiones en cómo llevas tu liderazgo, es una película que tiene profundidad. *The Intern* (2015) presenta a un ejecutivo retirado de 70 años, Ben Whitaker, que de manera valiente solicita ser un interno en una compañía de una joven empresaria exitosa. Aunque la compañía se dedicaba a canales de ventas por la internet, esto no limitó a Ben a experimentar un nuevo mundo de propuestas modernas. Sabía que podría aplicar los mismos principios de liderazgo que practicó cuando era un ejecutivo; sin embargo, cuándo pasaría y cómo sería era parte de lo que tendría que descubrir.

Ben conjuga la honestidad, la humildad, el respeto, la lealtad, la transparencia, la experiencia de vida, la sabiduría, el saber cuándo actuar y cómo comunicar, y el deseo de aprender para dar forma a la expresión de liderazgo más elevada de un ser humano: cómo añadir valor con intención a los demás y crear líderes.

De aspecto ecuánime y controlado, es exactamente lo que necesita la joven empresaria, Jules, para centrar su vida y su pasión por el trabajo y su empresa. Ben se convierte en ese apoyo firme para Jules y sus compañeros. A través de la observación discreta ayuda a mejorar la calidad de vida de sus compañeros. Definitivamente, sabe con esto cómo conectar. Por eso, es capaz de reconocer en la joven empresaria cuánto inspira a los demás y la insta a su vez, a que reflexione en el valor y la contribución tan significativa que ella hace en la sociedad, como empresaria y madre. Como líder, se desprende de su 'yo' para promover el desarrollo de la líder en construcción, Jules.

Necesitamos líderes como Ben que puedan despegarse de sus egos, líderes que resalten de manera genuina la contribución de los miembros de sus equipos de trabajo y líderes que, con su influencia, puedan persuadir a quienes sirven para que se mantengan en la ruta que se suda, la ruta que se trabaja para lograr el éxito.

Comparto en esta sección cinco inolvidables lecciones de liderazgo que aprendí en *The Intern*, a través de Ben.

1 Un líder debe cuidarse en cuerpo y alma. Ben aconseja a Jules a comer, dormir y a tomar tiempo para divertirse. Un líder saludable puede enfocarse mejor en comunicar pensamientos de abundancia y de sueños que pueden lograrse. En el liderazgo, todo comienza conmigo.

2 Un líder debe reconocer la labor que otros hacen. Ben logra que Jules entienda la carga pesada que tiene su asistente Becky y la labor tan crucial que ella desempeña para la compañía. En los equipos de trabajo, es necesario identificar la colaboración positiva y exitosa de sus miembros. Esto le corresponde al líder hacerlo.

3) Un líder crece cuando aprende a estirarse. Ben aceptó el reto de aportar en una compañía cuyos canales de venta desconocía. Un líder siempre está en construcción. Cada oportunidad nueva es un medio para evaluar cuánto puede aprender y crecer. De igual modo, cuánto pueden crecer aquellos que le rodean.

4 Vale tanto la experiencia como las nuevas formas de aprendizajes en la vida. Ben y Jules, juntos, logran definir nuevos patrones de comunicación y de colaboración sumamente exitosos.

5 Un líder sabe cuándo ser un seguidor. Ben fue seguidor primero y luego, líder. Acató las normas y políticas de la compañía hasta que de manera intencional pudo ayudar a los demás, cuando el momento fue el indicado. Su paciencia y fortaleza mental permitieron que pudiera manejar la resistencia de Jules para trabajar con este hasta que ella comenzó a verlo como su mentor y consejero de vida. Ambos evolucionaron.

Te propongo que veas esta película y que disfrutes de la misma. Luego, registra en estas líneas otras lecciones de liderazgo que hayas identificado. **¡El liderazgo está dondequiera...hasta en el cine!**

_____

_____

_____

_____

_____

_____

_____

_____

_____

_____

_____

_____

_____

_____

En esta sección, registra cómo aplicarás lo aprendido y cómo transformará tu vida y la de los demás. Cada ser tiene momentos en los que decide dar un viraje (turning point) y se convierte en lo que fue *antes* y *después*. Eso es lo que cuenta en tu evolución como líder.

_____

_____

_____

_____

_____

_____

_____

_____

_____

_____

_____

*La organización Encore.org publicó en su página web que para el 2020 en los Estados Unidos uno de cada cuatro ciudadanos tendrá sobre 65 años. En mi opinión, con este patrón es probable que se conjuguen muchos Ben en la sociedad que deseen continuar impactando con su liderazgo y sabiduría del corazón y empresarial.

Voy subiendo, voy bajando

En las populares fiestas de la calle San Sebastián (SanSe) en el Viejo San Juan, en Puerto Rico es común escuchar el contagioso estribillo de la plena "Voy subiendo, voy bajando" mientras la ola de gente va hacia arriba y hacia abajo buscando lugares para entretenerse, para relajarse y para pasarla bien.

Para un líder, ¿qué relación tendría su desempeño con esta frase? Un líder puede subir y bajar en emociones, puede subir y bajar en el manejo de su tiempo, puede subir y bajar en cuanto a fortaleza mental, puede subir y bajar en cantidad de metas a trabajar; empero, no puede bajar en integridad, comunicación, en su excelencia y en cómo prepara a su equipo y a su familia mediante desafíos para que estos sean mejores, día tras día.

En uno de los episodios más dramáticos de la serie estadounidense *Grey's Anatomy* fallece el doctor Derek Shepherd, el esposo de la doctora Meredith Grey, luego de haber salvado a una familia en un accidente de auto. De este episodio tomo dos cosas: 1) el equipo que atendió al doctor Shepherd no tenía la preparación requerida para atenderlo; lo dejaron morir y 2) cuando la doctora Grey se topa con la cirujana que atendió a su esposo, le recordó con franqueza que como doctora había fracasado, no había hecho lo mejor. Le instó a que aprovechara lo que pasó esa noche para que aprendiera y fuera mejor la próxima vez. No solo eso, le recordó que en cada rostro de sus pacientes vería a su marido y su rostro le haría trabajar más y más hasta que fuera la mejor.

Son dos lecciones profundas de liderazgo. Una, porque te obliga a evaluar cuánto valor añades a los integrantes de los equipos de trabajo cuando les brindas los adiestramientos, la educación y la práctica requerida para que pulan sus talentos y destrezas. Dos, porque te hace pensar que siempre tenemos que trabajar enfocados en la excelencia. Ser excelente en lo que haces y quien eres no es una opción de vida, es una obligación para toda la vida.

En una entrevista al funambulista (caminante de la cuerda floja), el osado Philippe Petit comentó que el sueño de cruzar sin protección las Torres Gemelas de Nueva York en 1974 era una misión imposible, pero que algo en su interior lo mantenía persiguiéndola. Sabía por qué quería lograrlo y para esto se mantuvo enfocado, con un plan estructurado y considerando que debía tomar la muerte de manera muy seria puesto que la pasión que sentía por lograr su sueño extremo podía hacer que perdiera la vida en cuestión de segundos. En este reto era crucial su preparación, su fortaleza mental, su fe para reemplazar sus dudas, su tenacidad, su intuición y el deseo de probar que lo imposible era posible, de pasar del lado de las dudas al lado de vencer el miedo que te congela y te deja estancado.

La realidad es que 'vamos subiendo' en vez de 'vamos bajando' como líderes cuando actuamos en favor de las personas que nos rodean, sin importar el reto que tendremos al interactuar con estas ni el tiempo que nos tome. Mientras caminaba con mi compañero Rubén como parte de nuestra hora nocturna de ejercicios, me percaté que él tenía unos zapatos que no parecían cómodos. No obstante, me comentó que sus zapatos tenían 23 años y hacían que se sintiera con fuerza al caminar. Mis zapatos, por lo regular, ¡solo duran un año! Eso me hizo reflexionar que lo que compartimos con otros que desean crecer debe ser tan duradero como los zapatos de mi compañero y tan fuerte que puedan transferirlo a otros de la misma manera aunque la cuerda sea floja. Ese sería nuestro legado: **'voy subiendo en excelencia', 'voy bajando en indiferencia social'**. Para que este mundo sea mejor, tenemos que desarrollar líderes que 'suban' la fe y la creencia de que se puede lograr lo imposible.

La fuerza está contigo

Tenía doce años cuando vi la primera película de Star Wars. Me convertí en una fanática de sus episodios. Treinta y ocho años después, con mucho entusiasmo, disfruté de *El despertar de la fuerza (Episodio VII, 2015)*. Su mensaje fue muy claro y similar a la primera propuesta de 1977: todos llevamos por dentro el poder del bien y el poder del mal. Como líder, tenemos la capacidad de escoger cuál poder deseamos activar y desarrollar en la vida para impactar a los demás.

El extraordinario orador y líder Miguel Ángel Cornejo decía que esa capacidad de escoger entre el bien y el mal determinaba si nos convertíamos en un líder que trascendía o trasdescendía. Madre Teresa en el lado del bien, es un ejemplo de trascender, de añadir valor a quienes sirvió; sin embargo, Adolfo Hitler con su misión de aniquilar despiadadamente a los judíos representa lo que trasdesciende y crucifica el alma.

En el 2012 visité el Museo Conmemorativo del Holocausto en Washington, DC. Allí sentí mucha soledad, tristeza y desesperanza al ver miles de retratos de víctimas cuyas vidas fueron silenciadas por un líder como Hitler que escogió vivir el poder del mal, en toda su extensión. Por lo general, tenemos la oportunidad de escoger entre el bien y el mal. La fuerza está contigo, tú decides como líder en cuál lado quieres estar y actuar para trascender o trasdescender. En esta propuesta nueva de Star Wars, varios personajes tuvieron su momento de elección desde Finn hasta Kylo Ren. Finn, un ex guardia del Imperio supo aprovechar ese momento y creció como líder. En cambio, Kylo Ren, el hijo de la Princesa Leia y el capitán Han Solo, decidió caminar por el lado oscuro que envena el alma. Tú, ¿en cuál lado quieres estar como líder? ¡Que la fuerza del bien siempre esté contigo!

El padre de la sicología positiva, el francés Émile Coué, implantó en nuestras mentes esta frase que ha trascendido en el mundo: *"Cada día que pasa, desde todos los puntos de vista, soy cada vez mejor"*. Para que esta fuerza positiva te acompañe, mira y evalúa tu interior.

Cada día que pasa, utilizo este inventario personal. Es una manera de examinar quién soy, cómo impacto a los demás y cómo puedo ser mi mejor versión.

❑ ¿Soy auténtica(o) cada día?

❑ ¿Qué vi en los demás ese día, positivo-negativo, que es un reflejo de quien soy?

❐ ¿En qué momentos fui flexible conmigo y alejé la excelencia del proceso de ser líder?

❐ ¿Qué me irrita de mí y no lo he trabajado? ¿Qué me irrita de los demás y no lo puedo manejar?

❐ ¿Qué acciones de los demás no pude tolerar? ¿Por qué? ¿Cómo lo superaré?

❐ ¿Qué me gusta de mí? ¿Qué me gusta de otros?

❐ ¿Qué victorias personales celebré este día? ¿Qué victorias celebré para otros?

❐ Cuando cometí errores, ¿me levanté y aprendí de estos o me di por vencido(a)?

❐ ¿Qué acciones realicé que añadieron valor en mi crecimiento y en el crecimiento de los demás?

Es un inventario sencillo que te ayudará a examinar tu esencia, valorar quien eres y pensar que siempre podemos mejorar nuestra versión humana. De Dr. Tim Elmore, un experto en liderazgo, aprendí que en muchas ocasiones los líderes nos comportamos como los panaderos. Destinamos nuestro tiempo en preparar el pan para los otros y nos olvidamos de comer y alimentarnos primero. Sentimos hambre. Por ende, los líderes tienen que alimentarse primero, crecer de manera personal, espiritual, física y emocional; no pueden ignorar esta alerta de desarrollarse luego que los demás lo logren. **Recuerda, para que tu fuerza positiva irradie a otros, debes alimentarla primero.**

Las medias no cuadran

Mientras cursaba los estudios graduados en la Universidad de Puerto Rico tuve el privilegio de conocer al Dr. Manuel 'Coco' Morales. Un ser lleno de Dios, de energía y pasión por enseñar y añadir valor a los demás a través de sus profundas experiencias y de su inagotable sabiduría. De este exquisito ser aprendí la importancia de realizar las reuniones de sentimientos para que los integrantes de los equipos de trabajo pudieran entenderse, relacionarse y conectar mejor. Este principio poderoso también aplica a nuestro núcleo familiar.

Con el tiempo aprendí, en la práctica que nos facilita la universidad de la vida, que si estas reuniones de sentimientos no se dan, el efecto que tiene es como vestir dos medias totalmente distintas: una de color amarilla con círculos rojos y otra, roja con triángulos grises. ¡Sencillamente no cuadran!

En la vida hay momentos en los que incluso con tu pareja las cosas no cuadran. Se acumulan detalles tan pequeños que no se afinan como los siguientes: quién es responsable de botar la basura, quién es responsable de hacer la compra, quién es responsable de reparar o pintar la pared de una habitación, quién lleva al perro al estilista de mascotas, quién lo lleva a sus citas con el veterinario, quién lleva a los niños a los imparables cumpleaños de la escuela y como lector, cualquier otro detalle que podrías pensar y aportar a esta lista. En fin, son muchos detalles que si los evaluamos, se comportan como una tarea: tiene un principio y un fin. Hay que completarlos el día que corresponda. No importa si es en tu vida privada, tu rol en los negocios o tu rol en la empresa, cada detalle cuenta y afecta la comunicación porque la enciende o la apaga.

La comunicación es el medio más importante para que estos detalles (acciones) se entiendan, se asignen claramente y se cumpla con ellos. Para esto, **las medias deben cuadrar,** los detalles deben comunicarse de manera transparente y al grano, sobre todo con los equipos de trabajo.

- ¿Quién será el líder del equipo?

- ¿Cuál es el fin que se quiere lograr?

- ¿Cuál será el canal de comunicación con los miembros del equipo, el supervisor, el director y el gerente de proyectos?

- ¿Qué se entregará, quién es el responsable y cuándo se completará lo prometido?

- ¿Cómo celebraremos cuando se complete?

- ¿Qué aprendimos trabajando juntos?

La comunicación cambia vidas. Busca dirigirte hacia la felicidad y que haya estabilidad con tu pareja al igual que en el entorno organizacional. Sin embargo, también altera vidas, las perturba cuando esta no es clara o cuando tiene el sabor del enojo, de la intimidación o de no estar enfocada en lo que se quiere lograr. Para que cuadren las medias, lo que decimos tiene que tener sentido para quien recibe el mensaje, debe alentar a trabajar en equipos, debe establecer qué se hace primero, qué se hace después, cómo se medirán los resultados, quién los verificará y cómo haber logrado lo propuesto aportó al crecimiento de cada una de las personas involucradas en el proceso de lograrlo. Lo crucial es cómo crecimos durante el proceso de imaginarlo, soñarlo y hacerlo realidad porque es aquí donde podemos evolucionar como humanos.

Como líder, para que las medias cuadren, lo que predicas, publicas y cómo actúas deben ser cónsonos con tu realidad. Evalúa estas áreas.

- Si promueves la salud entre los que lideras, ¿cómo es realmente la tuya?

- Si promueves el manejo consciente de las finanzas, ¿cómo manejas las tuyas?

• Si promueves las buenas relaciones y actos de bondad entre las parejas, ¿cómo es la relación con tu pareja y cuán frecuentes son esos actos de bondad y de servicio?

• Si promueves la comunicación clara y sin apego, ¿cómo es la tuya?

• Si promueves que los líderes actúen con carácter, honestidad y empatía, ¿cómo es tu estilo y filosofía de liderazgo actual?

• Si promueves que los demás añadan valor en lo que publican en las redes sociales, ¿cuánto valor añades cuando publicas en estos medios?

Para que las medias cuadren, estas acciones deben ser tu realidad como líder y comunicador. Cada media representa tu comunicación y tu estilo de liderazgo. En el 2015 las medias no cuadraron para líderes empresariales que se alejaron de la honestidad, la integridad y de ayudar con propósito a los consumidores.

Veamos los siguientes ejemplos bochornosos que empobrecieron el liderazgo mundial: 1) ejecutivos de la compañía Volkswagen admitieron que habían instalado programas para evadir los controles de emisiones de gas en millones de autos globalmente, 2) catorce ejecutivos de la FIFA (Federación Internacional de Fútbol Asociación) fueron identificados por el Tribunal de Justicia de los Estados Unidos por recibir sobornos y comisiones por

$150 millones en un período de 24 años y 3) el empresario farmacéutico Martin Shkreli sorprendió al mundo con el incremento desmedido del precio de un medicamento para pacientes de sida, de $13.50 a $750.

En nuestra comunidad también tenemos ejemplos de liderazgo que no funcionan desde compañías que dejan de pagar sus impuestos al gobierno (aunque generan ingresos) y luego optan por cerrar dejando a cientos de empleados en la calle, aseguradoras que se apropian de fondos que no le corresponden, servicios que se facturan que nunca se rindieron en compañías privadas y una lista larga que no termina. Definitivamente, las medias no pueden cuadrar.

El coach internacional Michael Parker dice que si no lideras, nadie te seguirá. A esto le añado, si no lideras con honestidad, nadie te seguirá; si no comunicas la verdad, nadie te seguirá. Para que las medias cuadren estos dos pilares deben ser congruentes; ambos se necesitan. Es como la luz y la oscuridad, el día y la noche, el sol y la luna, lo bueno y lo malo, la alegría y el dolor, el crecimiento y el conformismo impuesto; todos forman parte de esta vida. **Tú, ¿qué piensas hacer para que tus medias cuadren?**

Parte III

Liderar con otros

TOC TOC...

En Buenos Aires, Argentina tuve la oportunidad de disfrutar de una inolvidable y pícara comedia llamada TOC TOC, del dramaturgo francés Laurent Baffie. Esta puesta en escena presenta seis personajes con trastornos obsesivos compulsivos que buscan en una sala de espera de un siquiatra la solución mágica para tratarlos. Entre risas y pensamientos profundos, reflexioné en lo que había aprendido de esta interesante obra.

Primero, requiere valor admitir que uno tiene un trastorno, un modo de actuar, una actitud que te aleja de tu máximo potencial de ser un líder. En la obra, cada personaje se abre y comparte con los otros cómo ha vivido con ese trastorno y cuánto desea tratarlo. Algunos con palabras muy firmes; otros, de manera muy tímida. Lo importante es reconocer que una actitud puede impactar a quiénes lideramos cuando esta se convierte en una actitud para limitar a los demás o para retrasar su crecimiento.

Segundo, el líder tiene que promover la seguridad sicológica de quienes lidera para que fluyan las ideas. Aceptar y reconocer que hay diversidad de personalidades, de pensamientos y de maneras de actuar es importante para la estabilidad de aquellos que le siguen. En la obra, cuando todos sienten que es seguro abrir sus sentimientos y expresarlos sin ser juzgados, comienza la transformación de cada uno de ellos, comienza a mejorar la confianza y hasta su dignidad humana.

Tercero, el líder es el puente de la comunicación. En la obra, cuando los personajes se sienten libres al ser valorados y escuchados, comienzan a desarrollarse lazos de amistad y de comprensión por el sufrimiento del otro. Se desarrolla la empatía, esa manera de apreciar lo que los demás están experimentando. Como dice el líder Guy Kawasaki, se genera un mejor ambiente para colaborar.

Cuarto, el líder ayuda a los demás a encontrar el propósito de su vida sin tomar control de ellos; sin embargo, no provee respuestas. En la obra, el líder, precisamente el siquiatra camuflado, teje las historias para unirlas con la esperanza de un mejor futuro, para que ellos mismos encuentren que tienen la solución para sus problemas, sus trastornos, sus situaciones de vida.

Cinco vidas cambiaron al igual que la vida del líder, puesto que este creyó que cinco vidas tenían la oportunidad de ser mejores, cinco vidas podían salvarse y estos a su vez, ayudar a otros a hacer lo mismo.

Quinto, el líder facilita el proceso para que los demás dejen de ser meramente individuos y se conviertan en un equipo. El proceso de transformación de estos personajes ocurrió justamente cuando cada uno reconoce que solos han fracasado hasta ese momento para manejar su trastorno. Empero, cuando se constituye el equipo cada uno, a su forma, comienza a ver la luz para manejar su TOC. El 'yo' se convirtió en 'somos todos' y juntos podremos superar cualquier situación que se presente.

Sexto, el líder también aprende de sus vulnerabilidades en el proceso de ayudar a otros a crecer. Es una manera de autoevaluarse y reflexionar en sus propios TOCs. En la obra, mientras el siquiatra camuflado conversa con cada uno de los pacientes, tiene la oportunidad de mejorar su forma de entender a los demás y de comprender su esencia. Es una relación de crecimiento que ocurre en el liderazgo cuando es genuino y enfocado en los demás. Es una forma de estirarse y conocer más su interior.

También he tenido trastornos obsesivos compulsivos. Desde querer hacer todas las funciones en un equipo que lidero hasta ser ultra perfeccionista. Poco a poco he aprendido a entender que si no damos oportunidades a los demás para crecer, estos pasarán por la vida sin saber que pudieron transformarse en grandes líderes. Además, he reconocido que tenemos emociones que debemos expresarlas, antes de que se originen conflictos entre los participantes de cada equipo de trabajo. Fueron dos valiosas lecciones aprendidas y evaluadas que guiarán mi proceso de evolución como líder.

Te invito ahora a reflexionar sobre tu liderazgo, a reconocer aquellos TOCs que te impactan de manera significativa y afectan la estabilidad de tu equipo, de tu familia, de aquellos que día tras día comparten contigo. **TOC, TOC...¿cuál es el tuyo?**

Autoevaluación

1 Si identificaste un TOC en tu estilo de liderazgo, ¿cómo lograrás manejarlo y superarlo?

_____

_____

_____

_____

_____

2 Si ya lo habías superado, ¿qué aprendiste en el proceso que podrías compartir con quienes lideras? ¿cómo fue ese proceso de evolución?

_____

_____

_____

_____

_____

_____

3 Si eres mentor o coach, ¿cómo has ayudado a otros a transformar sus TOCs mientras son líderes en construcción?

_____

_____

_____

_____

_____

_____

Aro doblado

Mi auto cayó en un hoyo gigantesco en la carretera, tan solo faltaban 20 metros para llegar a la oficina. Una semana después me encontraba en un taller para que repararan el aro doblado de la goma delantera del lado izquierdo del auto. Mientras esperaba por la reparación, pensé que en algunas circunstancias actuamos como aros doblados y en otras, como aros partidos. Dentro de esas circunstancias, algunas veces queremos que nos rescaten y salven; en otras, no. Es en ese momento que el líder se convierte en un mecánico especial que busca reparar el aro que se dobla en el interior de los humanos cuando las experiencias o golpes muy fuertes en la vida trastocan y alteran su comportamiento y emociones. Golpes como negocios que se tambalean y estás a punto de perderlo todo, cuando se disuelve la relación con tu pareja, cuando te enteras que uno de tus seres queridos le queda poco tiempo para vivir y cualquier otra situación que te tira a la lona.

Para enderezar tu aro interior doblado, tienes tú mismo que liderarte. Si no puedes solo, permite que otro líder se acerque para ayudarte a transformar tu vida, para liberar tus emociones y dar paso a nuevas oportunidades de crecimiento. Hay un tiempo para vivir el dolor; no obstante, también hay un momento para aprender de este y seguir caminando en la vida con un aro reparado, con un aro más fuerte. Un aro doblado es como tener una sección gris y probablemente inconclusa en tu vida. No vale la pena continuar con un aro doblado que logrará que siempre se vacíe tu vida.

A mí me ha pasado lo mismo. También he tenido momentos en que me apego al aro doblado y en otras, al aro partido. Esto hace que el proceso de evolución cueste y sea extenso porque soy yo quién bloquea la bendición de poder renovarme y recuperarme.

Un agricultor comentó una vez que para que una orquídea alcance su esplendor (genere una flor), requiere que transcurran entre cinco a siete años. Podría ser que nuestro proceso para dejar de ser un aro doblado tome un mes, un año, dos años, tres años...quién sabe. Sin embargo, cómo manejo esas emociones negativas, esos *chupacabras* que nos desenfocan es lo que hace la diferencia para que ese proceso sea más efectivo.

¿Qué es un *chupacabra*? En la década de los 90 surgió en Puerto Rico la leyenda del chupacabras, un supuesto horrendo animal que desangraba a los animales de las granjas por las noches. Aunque nunca fue visto, amedrentó por mucho tiempo a los granjeros y agricultores. Estos pensaban que sus animales estaban expuestos a la sombra aniquiladora del chupacabras.

La realidad es que todos tenemos *chupacabras* que hacen que nos mantengamos como aros doblados. Es probable que hayas escuchado que los líderes no deben sentir emociones negativas, que no tienen por qué vivirlas. Difiero de ese enunciado. Es natural que todos experimentemos emociones negativas que nos acercan al aro doblado en muchas circunstancias cuando sentimos ira, culpabilidad, ego dominante, temor, ansiedad hasta reproches exagerados. No obstante, es imperativo evaluar de manera consciente nuestra realidad, cómo me siento con mi vida, cuán optimista podría ser, cuán imperfecto soy, cómo logro sentirme cómodo con mi ser mientras continúo evolucionando, cómo me acerco a la felicidad que me hace libre siendo imperfecto.

El experto en la ciencia de la felicidad o sicología positiva, el doctor Tal Ben-Shahar propone que aprendamos a manejar esas emociones negativas a través del perdón que otorgamos a nuestros fracasos y del desarrollo de la capacidad de recuperarnos (resiliencia) cuando experimentamos algún infortunio que cambia o altera el rumbo de nuestras vidas. De igual manera, propone que practiquemos acciones que infunden un efecto positivo en nuestra felicidad desde meditar, agradecer cada cosa que nos pasa hasta practicar algún deporte. Pretende que busquemos nuestro equilibrio personal para ser felices.

Comencé a practicar estas simples acciones. Ciertamente han provocado que mi estado mental mejore y me sienta feliz con mi ser. Un ejemplo de estas es la de caminar por las noches. Esto me ha ayudado a manejar de manera enfocada esas emociones negativas del día, a relajarme y pensar con claridad. Ese aire de la noche facilita la reflexión con intención y el entendimiento de esos *chupacabras* que succionan lo mejor de ti y que nos amarran al aro doblado o partido.

Un estupendo libro que podría añadir valor a tu vida y ayudarte a encontrar su balance se titula *Tai-Chi-The Perfect Exercise: Finding Health, Happiness, Balance, and Strength* (2013) del monje taoísta Arthur Rosenfeld. Cuando aprendemos a reconocer que un 60% de nuestra felicidad depende de nuestro estado mental, de nuestra actitud y de cómo vemos la vida, podemos ser más fuertes y balanceados. Dejamos de ser un aro doblado de forma permanente. Como líder en mi familia, en mi trabajo, en mi negocio es vital dar el ejemplo de nunca rendirse. Por eso, repite con fuerza: *¡Pa' fuera chupacabras...no quiero ser un aro doblado el resto de mi vida!*

En esta tabla encontrarás quince actividades para trabajar con tu equilibrio mental. Te sentirás más seguro a pesar de las situaciones que experimentarás.

¿Cómo sano la mente? (actividades de introspección)
- reconocer los chupacabras y manejarlos
- identificar capítulos inconclusos en la vida y cerrarlos
- perdonar los fracasos, aprender de ellos
- celebrar las victorias, aprender de ellas
- activar la limpieza de las palabras (lo que digo)
¿Cómo afilo la mente? (actividades para fortalecerla)
- mejorar los hábitos alimentarios
- aprender nuevas habilidades (oratoria, idiomas, pintar)
- aprender nuevos deportes
- crear un hábito por la lectura
- escribir y publicar un libro
¿Cómo relajo la mente? (actividades para lograr la armonía)
- practicar ejercicios de respiración y meditación, dormir
- escuchar el sonido del viento/agua, sentir la naturaleza
- pertenecer a un club sin fines de lucro (ej: Toastmasters)
- realizar actos de bondad, invertir en otros, ser voluntario
- agradecer quién soy, agradecer lo que he logrado

Rubén tocando el cuatro. Rumi, nuestro
perro, es fanático de su música.

Falta una cuerda por afinar

El cuatro es el instrumento nacional de Puerto Rico. Consta de cinco cuerdas dobles que producen una melodía inigualable. Por fortuna, mi compañero de vida toca este preciado instrumento y en muchas ocasiones nos ha llenado de alegría con sus notas musicales.

Mientras lo tocaba durante una reunión familiar, percibí que una de las cuerdas estaba desafinada. Eso alteró la belleza de la melodía que producía este mágico instrumento. Le dije: *"Falta una cuerda por afinar"*.

Pasa igual con los equipos de trabajo. Cuando trabajamos con equipos, el líder es responsable de que cada miembro pueda tocar su melodía, a su paso y ritmo porque cada cuerda (miembro) hace el sonido más bello. A la vez, el miembro es responsable de poder generarla con sus capacidades, conocimientos y habilidades. Es una relación dual. El líder necesita de cada integrante en la empresa para generar un producto o servicio de calidad. Aplica de la misma manera cuando hablamos de nuestras metas familiares o de pareja. Quien ayudará a lograrla requiere de la luz del líder y de su experiencia. En ese momento, el líder se convierte en un coach o un mentor.

¿Qué podría causar que una cuerda se desafine?

Si una cuerda se desafina (miembro del equipo), es posible que sea por una de estas razones.

1 El líder no ha provisto las herramientas necesarias para que las destrezas del integrante evolucionen y este a su vez pueda aportar más al éxito de dicho equipo. Ignora con intención que el miembro desconoce lo que hace.

2 El líder identificó un miembro que podría estar mejor en otro proyecto en vez del que fue asignado y no lo transfirió para darle esa oportunidad.

3 El líder ha provisto las herramientas técnicas y el programa de adiestramiento necesario para que ese miembro pueda sentirse más valioso y su aportación al equipo sea mayor. Sin embargo, este no se siente a gusto con el resto de los integrantes o con el líder.

4 El líder no reconoció que este integrante se desgastó mentalmente. Perdió la oportunidad de hacer ajustes cuando era correcto efectuarlos.

5 La cohesión de los integrantes se va perdiendo. Los lazos de unión existentes se van soltando poco a poco como en el cuatro. El líder hace un mínimo ajuste, pero no es el esperado. La comunicación se desmorona.

6 El líder ignoró el tiempo de cambiar a otros integrantes del equipo. Estos no se toleran y han causado situaciones legales, las cuerdas desafinan con fuerza. Tampoco se hacen ajustes en el tiempo adecuado.

El proceso de afinar un cuatro requiere un tiempo para evaluar y experimentar con paciencia aquellas opciones que logren restaurar la armonía del instrumento. Desde igualar las notas, cuerda por cuerda, hasta utilizar un afinador. Lo importante es que las cuerdas deben aflojarse primero y poco a poco se van apretando hasta crear la magia del sonido. El investigador y perito en la construcción de instrumentos de cuerdas, William Cumpiano, señala que las cuerdas enmohecidas, no producen sonido. Están sencillamente estropeadas.

Cuando un líder escucha, observa y calla aquello que no funciona en los equipos de trabajo, estropea sus cuerdas y entorpece el crecimiento de cada integrante. No obstante, cuando un líder permite que cada cuerda del equipo sea exactamente lo que desea ser, los resultados son impresionantes en las contribuciones que estos hacen en este increíble hogar que llamamos mundo.

Los equipos de trabajo de Google®, YouTube®, PayPal®, Apple® y los Navy SEALs son algunos ejemplos de equipos exitosos cuyas cuerdas tocan una melodía armoniosa y fuerte. Funcionan como hermandades. Como líder, es requisito ajustar la cuerda desafinada para que no se estropee el sonido del liderazgo y del crecimiento.

Una manera de evitar que se estropeen las cuerdas es que el líder tiene que entender sus emociones y cómo reacciona a estas, para luego entender las de los demás. Si no sabe cómo manejarlas y filtrarlas, aportará desafinación a los equipos y al resto de la organización o de la familia. Un líder debe darse permiso para liberar sus emociones sin afectar a los demás (*habla con tu voz interior, camina y suelta esas emociones, escribe un diario con eso que te molesta, visita a un profesional de la salud*). Cuando filtra sus emociones de ira, coraje o descontento exagerado está utilizando su inteligencia emocional. Esto facilitará que las cuerdas se afinen. Es tu responsabilidad como líder que los equipos de trabajo estén afinados. Esto me transporta a los viajes por avión. En algunos momentos cuando atravesamos por zonas de turbulencia, las azafatas o el piloto ordenan que nos sentemos y nos abrochemos los cinturones. Tratan con vehemencia que lleguemos sanos y seguros a nuestro destino, al otro lado según habíamos planificado. **Eso es parte de afinar las cuerdas, proteger y cuidar con sinceridad a nuestros recursos.**

Comunicación 101

Escoja el encasillado que mejor represente su opinión	Sí	No
Cuando doy instrucciones a otros, procuro que siempre sean claramente entendidas.	☐	☐
Pienso en cómo me comunico con los demás y trato de entender sus estados emocionales cada vez que nos relacionamos.	☐	☐
Cuando me comunico con otros, espero que me pregunten si tienen dudas.	☐	☐
Me resulta fácil preguntar a otros cuando no entiendo el mensaje que están compartiendo.	☐	☐
Completo las palabras de los demás con frecuencia. Pienso que es correcto adelantarse a lo que deseaban compartir.	☐	☐
Cuando alguien interrumpe con coraje y en desacuerdo con mis palabras, permito que se exprese libremente. Luego respondo con claridad y de manera tranquila para solucionar las diferencias.	☐	☐
Sé reconocer, a través de las expresiones faciales o por el tono de voz, cuando alguien no entiende mi mensaje. Procuro refrasearlo y mostrar ejemplos para que lo entienda.	☐	☐
Escucho con atención lo que me dicen, me guste o no el mensaje.	☐	☐
Sé cuando el volumen de mi voz molesta a los demás. Irrita.	☐	☐
Escucho con atención las opiniones de los demás antes de tomar decisiones.	☐	☐
Sé manejar las conversaciones difíciles, en mi hogar o en mi trabajo.	☐	☐
Cuando ofrezco un taller, conferencia o adiestramiento solicito la grabación para evaluar de mi comunicación sus mejores puntos y aquellos en los cuales puedo mejorar.	☐	☐
Mi mensaje siempre añade valor a los demás. Comparto estrategias y consejos sencillos de implementar que aplican a los trabajos y a la vida diaria.	☐	☐

El llanero solitario

Colaboración de Rubén Huertas

Si quieres caminar rápido, ve solo; si quieres llegar lejos ve acompañado. Si lo que has logrado en la vida, lo has logrado solo, no has logrado mucho. Nadie puede tanto como todos juntos. Muchas personas, particularmente aquellas altamente talentosas piensan que pueden lograr lo que desean sin un equipo de apoyo. Genuinamente, pero de manera equivocada, piensan que trabajan mejor solos. Sufren de lo que llamamos el *síndrome del llanero solitario.*

Estas personas trabajan con la mejor de las intenciones, pero desconocen o descuidan el principio universal de la mente colectiva. Los humanos somos ciegos a muchas de nuestras áreas de debilidad. Se requiere de una persona sincera y dispuesta a decirnos la verdad para crecer en nuestras vidas. A veces, nuestra área de mayor debilidad puede ser corregida de forma rápida y permanente, pero hace falta un valiente que nos comunique lo que es, que nos abra los ojos a esa realidad. Se requiere también ser una persona de mente abierta y con humildad o, por lo menos, con inteligencia emocional dispuesta a recibir retroalimentación positiva.

El llanero solitario es aquella persona que lo tiene que hacer todo. Piensa que su manera de pensar es la manera de pensar del universo. Muchas veces su tipo de personalidad es una mezcla de colérico y melancólico. Existen excepciones, sin embargo, por lo menos encontraremos algunos rasgos definitivos de estas personalidades en el llanero solitario.

Irónicamente, mientras más talento, conocimiento y recursos tenga una persona con el *síndrome del llanero solitario*, mayor su dificultad para aceptar que necesita un equipo de apoyo. Existen empresarios muy exitosos económicamente hablando, que no han logrado crear un equipo de poder, a pesar de que tienen miles de empleados a su disposición. El resultado de esto es una vida desperdiciada sin ningún tipo de legado.

Como líderes, la primera tarea a realizar es influenciarnos, para de esta manera influenciar a los demás. Influenciarnos significa desarrollar las disciplinas necesarias para alcanzar nuestros objetivos. Si no podemos influenciarnos, no podemos razonablemente esperar influenciar a los demás. Liderazgo en su más pura esencia es influencia. Siempre comienza con nosotros y una vez es efectiva, se desborda hacia los demás.

No podemos operar contrario a las leyes universales. Todo crecimiento, todo desarrollo, independientemente de su disciplina, tiene que ser orgánico. De otra manera, no será permanente, ni tampoco eficiente. Los problemas que vemos en la sociedad, en el gobierno, en la iglesia o en la familia surgen precisamente como resultado de intentar este proceso a la inversa.

Queremos controlar a los demás, sin saber controlarnos a nosotros. Queremos influenciar a los demás, sin tener las disciplinas necesarias para influenciarnos a nosotros. Queremos que los demás hagan las cosas exactamente como nosotros queremos, sin identificar si esta es en realidad la mejor forma de hacerlo. Queremos que respeten nuestras ideas, sin tan siquiera considerar las ideas de los demás. Como verán, este proceso no puede ser exitoso, ya que violenta todas las leyes universales de orden y conducta humana.

Lo mejor que podemos hacer para evitar el síndrome del llanero solitario es de modo intencional y consciente dedicarnos a la reflexión, contemplación, meditación y observación de nuestra vida de manera regular. No obstante, su importancia es magnánima y por eso es menester repetirla con frecuencia. Es similar al concepto de la repetición espaciada. Para internalizar de manera efectiva un nuevo concepto o idea, debemos exponernos al mismo repetidas veces con intervalos de descanso entre estas repeticiones. Evitamos así aburrirnos con el tema y le permitimos a la mente asimilar estos nuevos conceptos a su ritmo. Es por eso que los seminarios en raras ocasiones son efectivos.

Los seminarios, al igual que las charlas, son eventos en los que nos exponemos a información una sola vez. Esta información, experiencias y conocimientos, si bien pudieran ser muy buenos, son imposibles de internalizar sin un seguimiento de parte del participante después del mismo. La realidad es que son muy pocas las personas que dedican tiempo después de un seminario para repasar y estudiar lo expuesto en el seminario. Por esta razón, los talleres son mucho más efectivos.

Un taller es un evento donde nos exponemos al material durante varias sesiones. Básicamente, el formato de taller nos rescata de nuestras pobres disciplinas de manera organizada y estructurada. El formato de taller incorpora en su sistema el concepto de repetición espaciada. No obstante, al llanero solitario no le gustan los talleres, prefiere los seminarios, ya que estos exigen un compromiso grupal menor.

La razón de ser de la educación, la razón de ser del conocimiento, es la acción y el desempeño. No tiene sentido que continúe adquiriendo conocimientos, que continúe participando de programas enaltecedores y que mi producción no se duplique. Hay algo fundamentalmente errado en esto y eso es lo que tenemos que corregir. Debemos incorporar a nuestra vida el mantra de la producción que dice: *un, dos, tres y reflexiona.* Ese es el mantra que tenemos que vivir.

La filosofía del llanero solitario es hacer lo que haya que hacer y reparar los problemas y situaciones que se nos presentan. El Llanero Solitario tiene un asistente, Tonto o Toro en Hispanoamérica, pero no se nutre de otras personas que pudieran facilitar su crecimiento y desempeño. Inherentemente, la intención de este personaje es muy noble y debe ser avalada. No obstante, para tener éxito en la vida real y no en cuentos de radio, televisión y cine, necesitamos un equipo de apoyo que nos permita maximizar nuestras talentos.

Se requiere de una actitud humilde para evaluarnos objetivamente e identificar cuáles son nuestras fortalezas. También, admitir que aunque pensamos que lo sabemos todo, en realidad hay muchas áreas en las que necesitamos apoyo. Son estas áreas las que tenemos que fortalecer mediante la inclusión en nuestros negocios de recursos que complementen nuestra operación.

Una de las tareas más retantes es desarrollar la sabiduría para reclutar a personas que son superiores a nosotros. La tendencia natural del ser humano es reclutar a personas que son inferiores en talentos y destrezas para de esta forma mantener control. Por lo menos, eso es lo que pensamos. Todo lo contrario ocurre, perdemos control cuando reclutamos talentos y destrezas inferiores.

Una de las preocupaciones más comunes al reclutar a personas con talentos superiores es perderlos después de corto tiempo con nosotros. Es una preocupación genuina.

Sin embargo, la pregunta a hacerse es la siguiente: ¿prefiere tener a alguien competente que eventualmente se vaya de su empresa o a alguien incompetente que se quede toda la vida? La pregunta claramente nos presenta la respuesta. La tarea que en realidad tenemos que hacer es la de añadir el mayor valor posible a aquellas personas en nuestro equipo. Es trabajar conscientemente y de manera genuina para mejorar a los demás. Cuando mejoramos a los demás, estos permanecen con nosotros por mucho más tiempo. Si en algún momento estas personas no formaran parte de nuestro equipo interno de trabajo, ciertamente serán parte de nuestro equipo externo de trabajo.

Cada día más las personas y las empresas se nutren de recursos variados que no necesariamente tienen que formar parte integral de nuestro equipo. Es por eso que debemos implementar la filosofía de liderazgo servidor y dedicar todos nuestros esfuerzos por añadir valor a los demás, a nuestro equipo de trabajo, a nuestros suplidores, a nuestros clientes, a nuestros prospectos, a nuestros colegas, a nuestros familiares, a todas las personas e instituciones que lleguen a nuestra vida.

La filosofía de liderazgo servidor no excluye a nadie ni a nada. Incorpora las buenas intenciones del Llanero Solitario enfrascadas en la filosofía de liderazgo servidor con la ayuda y el apoyo de tu círculo de influencia y te sorprenderás la rapidez con la que tu negocio crece. Una vez logrado esto, la abundancia y el orden se harán parte de tu vida de manera natural.

Desde la cuidad al campo

Vivir en la ciudad es vivir a la merced de la rapidez, la aceleración, la intersección de líneas que conducen a múltiples avenidas, y que muchas veces, nos hacen perder la ruta que estábamos buscando para llegar a nuestro destino. ¡Qué locura tan interesante!

Cuando dejé la ciudad para vivir en el campo, mi vida cambió. Comencé a entender detalles de la vida que se escapaban por la velocidad en la que estaba inmersa. En el campo, la mayoría de los caminos son muy estrechos. Estos caminos te obligan a observar primero para decidir cómo tomarlos. Por lo general, están llenos de hoyos y de vez en cuando, el agua de una tubería rota se asoma para bañar los mismos. ¡El camino, entonces, se hace más pequeño! Esta estrechez al igual que sus hoyos se parecen a la rutas que tomamos en el proceso de liderar a las personas.

El líder tiene que cuidar a su gente mientras estos toman un camino con obstáculos, hoyos, huecos, agua, distracciones, rechazos y estrecheces. Mientras lidera, tiene que importarle el bienestar de su gente. Si no, como dice la bellísima cantante puertorriqueña Ednita Nazario en una de sus intrepretaciones, 'la vida se encargará de ti'.

El líder sabe y anticipa que estos caminos son muchas veces curvos y que hasta que no nos acercamos a esa curva, no podremos ver la meta. Sin embargo, el no saber lo que existe después de la curva, no impide que estemos preparados para cruzarla. El líder tiene la responsabilidad de preparar a su gente para que puedan cruzar esos caminos, esas curvas que sobresaltan los sueños, los proyectos, las acciones verdaderas, para ser exitosos.

Como líder, mientras ayudas a tu gente a caminar, autoevalúa lo siguiente:

1 ¿Estoy dando lo máximo para que mi gente pueda tomar caminos estrechos, estar preparados y llegar a la meta? ¿Qué estoy haciendo para lograrlo?

_____

_____

_____

_____

2 ¿Lo estoy haciendo bien? ¿Cómo lo puedo medir?

_____

_____

_____

_____

3 ¿Qué acciones podría realizar para acercarme más a mi gente y entender su caminar?

_____

_____

_____

_____

4 ¿Cómo puedo ser más efectivo?

_____

_____

_____

_____

5 ¿Qué he aprendido con mi gente que podría ayudarme a liderar mejor y con intención?

_____

_____

_____

_____

Cuando nos examinamos, nos damos espacio para crecer, entender nuestra esencia y comprender mejor las relaciones humanas. Este proceso de introspección nos ayudará, de igual manera, a guiar a nuestra gente por caminos estrechos y complicados en la vida.

Mientras caminamos por vías estrechas, nuestros sentidos se expanden para que no se escape ningún detalle que pueda ser la diferencia entre la vida y la muerte. En el campo aprendí que no es cuestión de evitar ese camino, sino de estar siempre preparado y siempre alerta.

Por eso, el líder verdadero no permitirá que te estanques o que trates siempre de esquivar esas vías estrechas, esos caminos curvos. Es probable que estén llenas de fracasos, rechazos, decepciones; sin embargo, tienes que atravesarlas.

El Dalai Lama dice que todos queremos ser felices y estar exentos del sufrimiento. En ese aspecto todos somos exactamente iguales. No obstante, tener disciplina y control de pensamientos hace la diferencia para manejar esos momentos que prueban nuestro carácter. El líder, con su influencia, logra que miremos nuestro interior y que apoyados en nuestro coraje de vivir, podamos aprender de estas experiencias. Ciertamente, **se lidera dondequiera...desde la ciudad al campo.**

Parte IV

Sé humano

En La Biela, restaurante que solía
frecuentar el escritor Jorge Luis Borges

Busca un espacio para sentirte humano

En Recoleta, Buenos Aires, uno de sus bares más cálidos es el Café La Biela. Pintoresco, lleno de gente que conversa de asuntos cotidianos y familiares, y de miles de turistas que entran a diario para sentir con emoción la historia que se desprende de sus paredes, de sus cuadros, de quienes por más de un siglo han estado allí creando líneas para sus libros o simplemente celebrando la victoria de haber llegado a la meta en las famosas carreras de auto. Este sitio, con su magia, me inspiró a escribir estas líneas. Transformó un día normal en uno extraordinario.

Al entrar, sentí tanto calor humano y tranquilidad que ahora lo añoro. Se nos va el tiempo en revisar los correos electrónicos a través del celular, en reaccionar a los comentarios de las redes sociales, en las tareas de la oficina o del hogar. A penas nos regalamos un tiempo para sentirnos cómodos con sencillas bendiciones de la vida cuando se desacelera el momento para disfrutar con ganas un rico chocolate o café humeante o mirar con alegría las llamativas esculturas de los celebérrimos escritores Jorge Luis Borges y Adolfo Bioy Casares, que nunca se cansan. La simpleza de la vida es la más rica para iluminarte con frescas ideas. Cada líder, cada comunicador, cada escritor necesita de un espacio para centrarse, para regalarse un momento de ser verdaderamente humano y dar espacio a la creación, a la claridad de ideas.

Otro de mis espacios favoritos es el Castillo San Felipe del Morro, conocido como *El Morro*, en Puerto Rico. Una imponente fortaleza española que mira hacia la entrada de la bahía de San Juan que tomó aproximadamente dos siglos y medios completarla. El rico viento y la energía que rodea a este lugar es tan fuerte que puedes reflexionar en silencio de manera consciente sobre lo que tienes y en lo que no te hace falta en la vida, en quien eres, en lo que te has convertido, en tus relaciones con tus seres queridos y hasta disfrutar de los turistas que se asombran cada vez que logran subir esa elevación del terreno hasta llegar a la despampanante fortaleza.

Lo increíble es que mientras logras identificar esos espacios y te sientes cómodos en ellos, tus sentidos como mecanismos fisiológicos de la percepción, se agudizan desde la vista, la audición, el olor hasta la sensación de que hayas vivido una experiencia física con quienes te rodean. Es sencillamente místico encontrar un espacio en el cual te sientes un verdadero humano.

En una reunión ejecutiva, un vicepresidente preguntó a otro ejecutivo, de forma natural y pausada: ¿Lograste que te atendiera un humano cuando llamaste a la unidad de servicio al cliente? Le comenté: ¿Un humano? Todos nos echamos a reír. No obstante, su pregunta hizo que reflexionara en cómo tratamos a las personas, cómo lideramos, cómo somos en nuestros hogares, cómo soy conmigo mismo y cuanto dejamos de ser realmente humanos. Ese espacio es importante para que recuerdes tu naturaleza humana, lo que pasa a tu alrededor, lo que puede inspirarte y lo que requiere que actúes.

Precisamente cerca de *La Biela* había una feria de artesanos talentosos junto con empresarios locales vendiendo sus frutas. Compré un vaso de frutas jugosas y cuando comencé a disfrutarlo, una niña vestida con ropa muy sucia pasó. Solo quería comer y literalmente me sacó las frutas de la boca. Nunca olvidaré esa sensación y ese sentimiento de tristeza. Aunque se lo di con amor, pensé qué sería de ella y de todos ese niños que andan por las calles solos y sin comida. El espacio para sentirte humano también implica que **veas, escuches y sientas la realidad** tal como es. Es parte del proceso de ser un verdadero líder.

Cuando identifiques el espacio para recargar tu ser, haz el siguiente ejercicio de observación por dos semanas. Anota cinco acciones positivas que te hicieron sentir mejor contigo mismo y cinco acciones negativas que podrían hacerte reflexionar en tu vida o en tu liderazgo y realizar alguna acción para mejorarla. De manera general, te sentirás mejor contigo mismo.

Observación y acción

Cuando identifiques el espacio para recargar tu ser, haz el siguiente ejercicio de escuchar con atención por dos semanas. Anota diez palabras que escuchaste que te cambiaron tu estado de ánimo y en qué contexto. Estas palabras te hicieron sentir mejor que cuando llegaste al lugar o te hicieron reflexionar sobre tu vida o tu liderazgo con alguna acción para mejorarla.

Escuchar con atención y acción

Líder de tus sueños

En algunas ocasiones habrás escuchado la siguiente expresión: "ese es el chico de mis sueños" o "esa es la chica de mis sueños". Sin embargo, es poco habitual escuchar con atención: "ese es el líder de mis sueños".

La realidad es que los humanos idealizamos nuestros compañeros o compañeras. Pasa igual con los líderes. Todos son vulnerables, imperfectos y con muchos desaciertos en su evolución de vida. Empero, el deseo de mejorar cada día y de hacer lo mismo con otros pesa más que cualquier debilidad, que de cierta manera pudiera chocarnos. Ayudar a otros con intención y propósito los hace maravillosamente diferentes.

A veces, buscando la perfección en el líder de tus sueños se nos olvida cuán imperfectos somos y cuánto nos queda por trabajar con nosotros mismos. Antes de definir el líder de tus sueños o en quien te quieres convertir como líder de los sueños de otros, examina tu interior porque es claro que tu manifestación exterior es una consecuencia de tu interior. Ambas dimensiones deben ir a la par.

Cuenta la historia que en el templo de Apolo en Delfos se compartían muchas frases de interés, las cuales invitaban a la reflexión interior. Sócrates usó una de estas y se convirtió con el tiempo en la más popular: "conócete a ti mismo". Busca en ti mismo la verdad de tu alma y tu espíritu. Es evidente que todo comienza conmigo.

Hoy, te invito a mirarte a ti mismo para transformarte en un líder de sueños antes de que encuentres quién podría ser el líder de tus sueños. Conocerte requiere un espacio, un tiempo para estar a solas con tu alma.

1 ¿Cómo soy?

_____

_____

_____

_____

_____

2 ¿Cuál es mi filosofía de vida?

_____

_____

_____

_____

3 ¿Cuál es mi filosofía de comunicación?

_____

_____

_____

_____

4 ¿Por qué me considero un líder de sueños de otros?

_____

_____

_____

_____

5 ¿Qué hábitos tengo que me hacen crecer y a la vez
crecer a otros?

_____

_____

_____

_____

6 ¿Qué hábitos tengo que me alejan del crecimiento y de ser un líder de los sueños de otros?

_____

_____

_____

_____

_____

7 ¿Existe algo que debo hacer y que no estoy haciendo?

_____

_____

_____

_____

Cuando nos conocemos mejor, somos capaces de entender mejor los sentimientos, las emociones y las actitudes que conforman nuestra filosofía de vida. De este modo, somos capaces de dominar aquello que nos aleja de nuestra conquista como líderes de sueños. Después de todo, el proceso de convertirme en el líder de mis sueños y de los sueños de otros es uno lento y de por vida. Requiere añejarme para ser un vino exquisito, un líder de sueños.

En Buenos Aires conocí a un taxista llamado Ricardo. Un caballero de aspecto afable y dulce con una tierna sonrisa, difícil de olvidar. Mientras nos conducía hacia el aeropuerto platicamos sobre las similitudes que existían entre Puerto Rico y Argentina y cómo las decisiones de los líderes impactaban y transformaban personas, con intención o sin intención.

En uno de esos exquisitos momentos de nuestra profunda conversación, don Ricardo dijo con voz cálida: "Nunca pierdan la esperanza porque sus vidas podrían ser mejores que lo que han sido hasta ahora."

Tiene toda la razón. Sin saberlo, don Ricardo nos invitó ese día a mirarnos con esperanza por dentro y de entender quiénes somos. Si no lo sabemos, ¿cómo podremos liderarnos a nosotros mismos para influenciar luego a los demás?

De Dr. J. Jones aprendí una técnica genial para encontrar quién soy. Es un proceso que requiere tiempo. Debo pretender primero que ya soy quien quiero ser y tengo lo que deseo tener. Luego, debo evaluar con reflexión la siguiente pregunta: **¿cómo me siento ser la persona que quiero ser?** Eso es poderoso. Tener el poder de entender quién soy me acerca más a ese líder que sueña cada día con ser mejor.

Liderazgo en la sangre

Mis antepasados llegaron a Puerto Rico desde España, con el anhelo de sembrar amor, paz y mucho crecimiento. De generación en generación, estos tres mandamientos familiares se enseñaron y se diluyeron en nuestra sangre.

Ahora, reflexionando en nuestro Puerto Rico de 2016, no basta con que una generación practique estos mandamientos. Es necesario que todos los practiquemos. En las calles, en los programas de televisión, en las redes sociales se repite la crucial pregunta: ¿qué nos pasa Puerto Rico? Sin embargo, la pregunta debería ser: ¿qué aportaré como líder de familia, líder de comunidades, líder de la iglesia o líder laboral para que Puerto Rico sea mejor y prospere? Cuando mi entorno mejora porque así lo quiero y actúo para ello, otras personas mejoran. Cada vez que tocas como líder a otra persona estás sembrando amor, paz y mucho crecimiento. A eso le llamo liderazgo en la sangre.

En los momentos de prueba y de dificultad, es probable que pensemos que no podemos aportar al cambio de nuestro entorno. Por eso, el liderazgo que se siente en la sangre hace que pasemos de un momento de prueba a uno de crecimiento espiritual. Es como si el tiempo activara una alarma para que uno despierte y comience la verdadera evolución de un líder. Todo se resume en quién te has convertido y cuánto deseas reciprocar lo que has aprendido y madurado como líder.

Cuando me escondí en una canasta de ropas (hamper) en un clóset para salvar mi vida hace tres décadas, me convertí en una mujer muy tímida y dejé de aportar a la sociedad. No obstante, la vida misma me dio la oportunidad de levantarme. Conocí a mi mentor que llevaba el liderazgo en la sangre tan arraigado que pude comprender que primero uno tiene que salvarse, renovar la fe y seguir el camino de la luz. ¡Uno tiene que levantarse! También me hizo comprender que cuando iniciamos el proceso de aportar al desarrollo positivo del entorno, la vida te multiplica lo que das si es sincero.

Ese liderazgo que llevas en la sangre requiere que te preguntes lo siguiente:

¿Por cuáles principios lucharía hasta el final de mis días?

_____

_____

_____

¿Qué creencias o valores aprendí de mis ancestros que no cambiaría y aportan de manera positiva a mi entorno?

_____

_____

_____

¿Qué quiero completar antes de partir de este mundo y que ayudaría a que otros también dejen un legado positivo?

_____

_____

_____

Para que Puerto Rico mejore o mejore el entorno donde vives, el reto será tocar positivamente una vida cada día del año. Es la manera más contundente de transformar, de liderar a otro. A su vez, es la manera más hermosa de uno para crecer en silencio, con bendiciones imparables y de acercarse más a Dios. Para ello, identifica 365 personas (una cada día) que quieras añadirle valor a sus vidas con acciones de amor. Lo que hagas en bienestar para ellos, también te dará una vida de abundancia y prosperidad.

Cuando llevas el liderazgo en la sangre, estás creando una nueva generación de líderes y un mejor país. Mis antepasados lo hicieron. **A ti y a mí, nos toca ahora.**

Parte V

Disciplina para crecer

El cuarto de los sueños

Colaboración de Rubén Huertas

Toda persona de éxito tiene un lugar específico donde realiza la mayor parte de su trabajo mental. Leer, estudiar, reflexionar sobre su vida y negocio, fijar metas, revisar sus metas, planificar su futuro, escribir en su diario, organizar sus finanzas, autoevaluarse y toda tarea de importancia. Esto es lo que llamamos El Cuarto de los Sueños. El mismo puede ser cualquier espacio en el cual usted se sienta cómodo y que pueda utilizar con frecuencia. Para muchas personas este espacio es la oficina de su casa o un cuarto dedicado a tareas personales y profesionales.

Los seres humanos somos animales de costumbre. Nuestro cuerpo y mente se acostumbran a diferentes actividades, disciplinas y eventos y las asocia con su entorno. Una de las ventajas de tener un cuarto de sueños es que una vez entramos en el mismo, nuestro ser se sintoniza y sincroniza inmediatamente, facilitándole la oportunidad de maximizar su tiempo. Muchos hemos experimentado la sensación de desear hacer algo una vez estamos en un lugar en particular. Esto es precisamente lo que hace El Cuarto de los Sueños.

Aunque usted no haga muchos ejercicios, si visita un gimnasio, es probable que se sienta con deseos de hacer ejercicios. Esto ocurre porque la energía del gimnasio lo rodea y estimula su deseo de ejercitarse. Si al visitar una universidad de repente le dan deseos de volver a estudiar, es porque el ambiente y su energía educativa le rodea y estimula sus deseos de estudiar. De igual manera, cuando estamos en una biblioteca o una librería nos sentimos más inteligentes. Todo esto se debe a que cuando entramos en un lugar nos impregnamos con su energía.

Esta energía es la que queremos crear en nuestro cuarto de los sueños. En realidad no es un cuarto de sueños, sino un cuarto de realidad. Vivimos nuestra vida al revés. Aquello que es nuestra vida, es el sueño; lo que planificamos, lo que anhelamos es nuestra realidad. Nuestra vida muchas veces está nublada por los efectos de la sociedad y actitudes absorbidas a través de los años. Nuestra vida no es nuestra realidad, sino la realidad de otros reflejada en nosotros.

El Cuarto de los Sueños es donde enfrentarás este fenómeno y comenzarás a manifestar tu vida a tu manera, con una conciencia superior de lo que en realidad es posible para ti como ser humano. Entender que no existen limitaciones excepto aquellas autoimpuestas te ayudará a liberarte del exceso de equipaje del cual todos somos sujeto. Esto es lo que ocurre en el Cuarto de los Sueños.

El Cuarto de los Sueños es el lugar que tú frecuentas cuando quieres y tienes que regalarte tiempo personal. Es imposible crecer en la vida sin pausar frecuentemente y reflexionar sobre la misma. No hace falta integrarse a un monasterio alejado de la sociedad, pero sí es menester tener un lugar al cual llamar El Cuarto de los Sueños. Tal vez el nombre que le asignes sea diferente, pero la idea tiene que ser la misma. Este cuarto, el cual puede ser una esquina en tu cuarto de dormitorio, se convierte en tu lugar sagrado donde organizas tu vida y ordenas tu crecimiento.

Todos hemos tenido un lugar así aunque no necesariamente lo llamemos por un nombre en particular. Es una necesidad humana, es nato en nuestro ser. Lo que aquí enunciamos, lo hacemos para crear intencionalmente conciencia de la necesidad urgente de tener tu lugar de respiro, tu lugar de relajación, tu lugar de descanso, tu lugar de estudio, tu lugar de crecimiento, tu lugar de oración, tu lugar de encontrarte contigo mismo. Donde quiera que sea ese lugar, ese es tu cuarto de los sueños.

El Cuarto de los Sueños debe tener herramientas disponibles para tu uso. Estas herramientas pueden ser libros, libretas, lápices, papel, marcadores y revistas inspiradoras. Debe tener muebles cómodos, pero no tan cómodos que te hagan dormir. También debería decorarse con premios que has recibido, certificados importantes, fotos y recuerdos de momentos de logros y éxitos, al igual que obras de arte que te inspiren o frases enaltecedoras. Además, debería estar equipado con algún tipo de reproductor de música y una selección de música inspiradora. Recuerda, este es tu templo personal.

En El Cuarto de los Sueños debes evitar tener un televisor, periódicos, computadoras y, sobre todo minimizar la cantidad de artefactos electrónicos disponibles (excepto por el reproductor de música). Sería beneficioso tener algún tipo de vista al exterior que sea relajante. De no tener una vista agradable, instala cortinas que te ofrezcan mayor privacidad.

El otro elemento importante es tratar, dentro de lo más práctico posible, de frecuentar tu cuarto de los sueños en un horario consistente. Esto ayudará a fortalecer tu disciplina de utilizar tu cuarto de los sueños. Al principio tienes que esforzarte hasta lograr una disciplina regular, luego la disciplina creada se encargará de apoyarte en tu esfuerzo. Es como una cuenta de banco, al principio te esfuerzas trabajando hasta que tienes suficientes ahorros, luego los ahorros te ayudan a adquirir aquellas cosas que deseas. Todos necesitamos tener un lugar donde pausar.

Identifica hoy mismo lo que será el cuarto de tus sueños. Comienza a equiparlo de manera sencilla pero con aquellos elementos que lo hagan tuyo. Si compartes el cuarto de los sueños con otra persona, identifica un horario en particular donde puedas estar a solas. El cuarto puede ser compartido, pero el tiempo invertido en el mismo debe ser solo tuyo. Recuerda que toda grandeza exterior comienza en tu interior. El Cuarto de los Sueños es el lugar donde siembras aquellas semillas de grandeza que se convertirán en tu legado. Haz de esta práctica una regular y rápidamente comenzarás a observar cómo evoluciona tu vida en la dirección de tus metas y objetivos. Serás testigo del poder inherente que reside en esta práctica tan sencilla.

No confundas la sencillez de este proceso con algo irrisorio o insignificante. La majestuosidad de la vida se encuentra en las cosas sencillas. Somos nosotros los humanos los que nos hemos dado a la tarea de complicar nuestra existencia y asimismo reducir aquellas prácticas y disciplinas que realmente añaden valor a nuestras vidas. Toma la decisión hoy de encaminar tu vida por senderos conducentes al éxito y pausar adecuadamente para revisar tu progreso. Solo de esta manera lograrás maximizar tu tiempo y minimizar el esfuerzo requerido para alcanzar tus metas.

En El Ateneo, Buenos Aires, un teatro convertido en una fascinante librería

Cincuenta libros de crecimiento

La noche antes de que cumpliera los famosos 50 años de vida, me propuse investigar en las redes sociales y en la internet qué efecto tenía llegar a esa edad y qué metas inusuales tenían las personas por realizar. Entre los muchos artículos publicados en las redes sociales para leer, encontré uno que me llamó la atención: *The 25 Best Self Improvement Books to Read Before You Turn 25* (Los mejores 25 libros de desarrollo personal para leer antes de cumplir 25 años) de Full News. Pensé por un momento: "Ya pasé los 50, ¿me los perdí?".

Sin embargo, al revisar la lista, sentí emoción puesto que algunos libros de la lista habían sido parte de mi crecimiento como: *The 7 Habits of Highly Effective People* de Stephen Covey, *Think and Grow Rich* de Napoleon Hill, *How to Win Friends and Influence People* de Dale Carnegie. Tres clásicos que forman parte de los fundamentos esenciales para guiarnos en el camino del liderazgo y de la comunicación. Esto dio pie a que desarrollara la lista de los cincuenta libros que ciertamente han dado dirección a mi vida, en cuanto a metas, crecimiento espiritual, balance físico, equilibrio en el hogar y la continua introspección que limpia el alma y te dirige a la transformación del espíritu.

Comparto en las próximas páginas una selección de cincuenta libros de crecimiento, de distintas disciplinas, que se han convertido en preciados tesoros que me han acompañado en este proceso de evolución para acercarme al líder que realmente quiero ser. Cada líder es un aprendiz del crecimiento que se afana por ser mejor cada día. Quien aprende cada día y lo comparte, deja una huella más profunda en este mundo. Veamos la siguiente lista de tesoros de crecimiento:

Actitud de vuelo
por Zig Ziglar

Coaching with NLP
por Joseph O'Connor & Andrea Lages

Cómo ganar amigos e influenciar a las personas
por Dale Carnegie

Conversations on Success
por Knowledge@Wharton

Desayuna con Fred
por Fred Smith

Dígalo bien...que nada le cuesta
por Dra. Rosario Núñez de Ortega

El libro de las posibilidades
por Albert Lieberman

Everyone Communicates, Few Connect
por Dr. John C. Maxwell

Fearless Speaking
por Gary Genard

How the World Sees You
por Sally Hogshead

John F. Kennedy on Leadership
por John A. Barnes

La evolución de un líder
por Rubén Huertas

La sabiduría del liderazgo
por Rubén Huertas

Leading an Inspired Life
por Jim Rohn

Learn Like a Leader
compilación y edición
por M. Goldsmith, B. Kaye & K. Shleton

Learning to Lead
por Fred Smith

Los principios del éxito
por Jack Canfield

Locución: El entrenador personal
por Alejandro Guevara

Louder than Words
por Joe Navarro & Tony Sciarra Poynter

Money: Master the Game
por Tony Robbins

Morning Ritual Secrets: How to be Productive,
Happy & Healthy Everyday
por Project Life Mastery

Personally Speaking
por Ralph C. Smedley

Presentation Zen
por Garr Reynolds

Public Speaking for Success
por Dale Carnegie

Sacred Hoops
por Phil Jackson

Secrets of the Face
por Lailan Young

The Art of Acting
por Stella Adler

The Bible on Leadership
por Lorin Woolfe

The Difference Maker
por Dr. John C. Maxwell

The Exceptional Presenter
por Timothy J. Koegel

The Fred Factor
por Mark Sanborn

The Life-Changing Magic of Tidying Up
por Marie Kondo

The Micro Expressions Book for Business
por Kasia Wezowski & Patryk Wezowski

The Naked Presenter
por Garr Reynolds

The Power of I Am
por Joel Osteen

Thrive
por Arianna Huffington

The Shadow Effect
por Chopra, Ford & Williamson

The Secrets of Body Language
por Philippe Turchet

The Truth About Leadership
por Kouzes & Posner

The Way of the SEAL
por Mark Divine

The 5 Languages of Appreciation in the Workplace
por Gary Chapman & Paul White

The 21 Irrefutable Laws of Leadership
por Dr. John C. Maxwell

The 5 Levels of Leadership
por Dr. John C. Maxwell

Un actor se prepara
por Constantin Stanislavski

What Every Body is Saying
por Joe Navarro & Marvin Karlins

What I Know for Sure
por Oprah Winfrey

You Don't Need a Title to be a Leader
por Mark Sanborn

Your Leadership Legacy
por Robert Galford & Regina Maruca

13 Secrets of World Class Achievers
por Vic Johnson

59 Seconds: Think a Little, Change a Lot
por Richard Wiseman

A través de estos cincuenta libros, han surgido muchas preguntas que me han invitado a reflexionar. Algunas de estas tienen respuestas; otras, es evidente que podré responderlas mientras madura mi estilo y filosofía de comunicación y liderazgo. Por ejemplo:

¿Qué hago para ser mejor cada día?

¿Me he examinado lo suficiente para entender cómo he sido con los demás?

¿Por qué quiero influenciar a los demás?

¿Cómo puedo añadir valor a mis amigos y familiares?

¿Cómo puedo añadir valor a las personas que sirvo?

¿Qué otras destrezas y capacidades debo desarrollar para ser un líder de excelencia?

¿Qué me falta por aprender para ser un líder y comunicador que transforme vidas?

¿Cuántos escollos me esperan en el camino del liderazgo y cómo los superaré?

Mi abuelo, Jesús, decía que cada año era una oportunidad para entender el propósito y sentido de nuestra existencia. De igual manera, que esa existencia estaba sujeta a muchas tormentas que se toparían en nuestro camino para probar nuestro carácter. Sin embargo, siempre llegaría la calma, siempre aparecería el sol. Sus palabras presagiaban que la vida tendría momentos de mayor equilibrio y en otros, tendríamos menos. Lo importante era aprender y evaluar cada experiencia.

Así pasa con los libros, las fuentes de conocimientos y de experiencias de otros. Enriquecen nuestra vida desde que aprendemos a leer y a explorar el mundo. Es muy probable que cada libro o audiolibro nos ha acompañado en una etapa emocional distinta, ya sea con alegría, tristeza, amor, soledad, ilusión, irritación, confusión, crecimiento y hasta transformación. Nos han ayudado a entender nuestra existencia y a manejar las tormentas.

En el 2010 se divulgó a través de la internet que 129 millones de libros habían sido publicados en el mundo, hasta ese momento. ¿Qué significa? Que tenemos un mar de posibilidades para leer, aprender y evolucionar como líderes. Cuando se enriquece tu espíritu, tu mente agitada se calma. Esto permite a su vez que podamos añadir valor a los demás, de manera intencional, con aquellos nuevos conocimientos y técnicas aprendidas.

El siquiatra estadounidense Rollo May decía que la conformidad genera muchos fracasos en la vida. Una vez descubrimos en los libros o en los audiolibros que las historias de grandes mentores pueden ayudarnos a romper ese conformismo, de manera contundente tenemos que aprovecharlas. Es una inmensa bendición tener acceso a tanta información valiosa enfocada en nuestro desarrollo personal. Cuando comiences a disfrutarla, prepara tu lista de libros, audiolibros o libros electrónicos y compártela con otros líderes en crecimiento. Lo que buscamos es que también encuentren tesoros de conocimiento para hacerlos más efectivos.

Cada libro positivo que lees o escuchas mientras es leído tiene el poder de engrandecer tu vida. **Lo mejor de todo, es que a cualquier edad podemos crecer como líderes.**

Prepara una lista de libros, audiolibros o libros electrónicos que podrías compartir con cinco personas que están en el camino del liderazgo y de la comunicación. Siempre queremos añadir valor.

Libros
Libros electrónicos
Audiolibros

La vida es una montaña rusa, con altas y bajas.
Es bueno sentirse invencible en las altas, pero
es esencial no sentirse derrotado en las bajas.

—Rubén Huertas

Parte VI

Pruebas de resiliencia

Cuando una puerta se cierra, otra se abre

En el 2011 me ofrecieron una plaza de directora en una compañía local. Aunque dudé al principio por sentir que no era el momento correcto, la acepté. Llevaba un mes en la transición, cuando el gerente que ocupó dicha plaza por diez años solicitó retomar la misma por razones de retos que no podía manejar en su nueva plaza asignada. Ocurrió lo inesperado, aprobaron dicha solicitud.

Sentí mucha vergüenza profesional por varios meses. Había perdido la oportunidad de demostrar que era una líder que había evolucionado y que deseaba mejorar las vidas de otras personas. Me sentí vulnerable. Era como si me hubieran lanzado agua helada sin poder cubrirme, sin poder esquivar ese chorro impetuoso que alteró mis pensamientos al igual que la confianza profesional. Pensé que no volvería a tener una oportunidad como esta.

Cuán equivocada estaba. Uno de los principios que he aprendido con el tiempo es que los líderes tienen grandes momentos de resiliencia que los acompañan mientras evolucionan y se acercan de lleno a la excelencia. Aprendí primero que estaba obsesionada con demostrar que era una líder. Mark Sanborn en *The Encore Effect* (2008) señala que todos deseamos exceder en las cosas que nos importan y que son esos momentos de desilusión y de adversidad los que nos llevan a ser extraordinarios la próxima vez. Así fue. Tres meses más tarde recibí una carta que indicaba que había sido nombrada como gobernadora de área en uno de los distritos de Toastmasters International®. No solo eso, era la primera área que se creaba en Puerto Rico. Eso me dio la oportunidad de aprender más y practicar a la vez los principios universales de liderazgo con los clubes Toastmasters de la isla. Fue una experiencia maravillosa de crecimiento y de estirarme como líder. Agradezco al gerente la decisión que tomó de regresar a su plaza porque sin darse cuenta abrió una puerta extraordinaria para mí.

Como inventario de puertas cerradas y abiertas, te invito a reflexionar en esos momentos que cambiaron tu vida, con estas preguntas.

¿Cuáles han sido tus desaciertos mayores (puertas que se cerraron en tu vida)?

1 _____

2 _____

3 _____

¿Cómo estos se transformaron (puertas que se abrieron en tu vida)? ¿Actuaste para transformarlos?

1 _____

2 _____

3 _____

¿Qué aprendiste y evaluaste de cada transformación (cada puerta abierta en tu vida)?

1 _____

2 _____

3 _____

¿Cómo celebraste cada transformación (puerta abierta)?

1 _____

2 _____

3 _____

La vida me ha enseñado que tengo el poder de decidir si esa puerta que se cerró aniquilará mis sueños como líder, mis acciones para hacerlos realidad. Un líder tiene que seguir avanzando y sobreponerse a esas bajas emocionales y situaciones adversas que permiten que uno estudie su interior para ser mejor la próxima vez. **Agradece a la vida que una puerta se cierra porque otra mejor se abrirá.**

El hombre de acero
salvado por su hija

Para un atleta, la fortaleza mental, el entrenamiento duro y consistente, la resistencia y los buenos hábitos alimentarios forman parte de la tan demandante preparación que requiere correr la prueba más dura del triatlón (natación, maratón y ciclismo) llamada *Ironman*.

Sin embargo, ¿qué pasa cuando la carrera más difícil en tu vida es salvar a tu hija de la despiadada enfermedad del cáncer?

Como líderes, en nuestro entorno familiar pasamos por muchos momentos que requieren que seamos hombres y mujeres de acero con un gran corazón. No obstante, algunos de estos momentos nos hacen tan vulnerables que no sabemos cómo manejarlos y es precisamente cuando tu sangre te salva.

Mi amigo Javier es un hombre de acero. Ha completado cuatro pruebas del triatlón. Se prepara con rigurosidad. Aunque le apasionan estas pruebas de valor y de retarse a sí mismo, la realidad es que su prioridad siempre ha sido su familia.

En el verano de 2015, a su hija Ana María de tan solo veintiséis años, le diagnosticaron cáncer. El hombre de acero se desplomó, se derrumbó, perdió su fortaleza mental y de cierta manera, perdió su fe. Fueron momentos de dolor y de muchas conversaciones con Dios. A pesar de que la cirugía fue inevitable, durante el proceso su hija se convirtió en una mujer de acero. Salvó a su padre de perder su fe. Le demostró que en esta dura prueba siempre hay un mejor día, un mejor mañana y que la carrera por vivir y ayudar a otros en las mismas situaciones aún continúa. Ahora, la mujer de acero sirve a otros para levantarlos cuando llega ese golpe duro inesperado que tambalea hasta el más fuerte, similar a lo que hizo con su padre. Esa es su misión de vida.

Gracias, Ana María, por tu gran ejemplo de liderazgo. Su ejemplo también hizo que pensara en lo siguiente:

1 ¿Cúantas veces llevamos una batalla por dentro que altera nuestro desempeño como padre, madre, hija o hijo en la carrera de la vida?

2 ¿Cuántas veces nos desenfocamos en la vida por no saber cuál es nuestra batalla y cómo manejarla?

3 ¿Cuántas veces impedimos que los demás nos den ese apoyo que necesitamos para continuar la carrera más dura de la vida?

Lo que aprendí de esta hermosa victoria de vida

1 En aquellos momentos en que perdemos la claridad por las cosas que estamos viviendo y la carga emocional que esto conlleva, dejemos que otros nos iluminen y nos enfoquen para terminar la carrera. Demos espacio a esa luz que necesitamos para acercarnos más al Creador.

2 Es maravilloso ver como surgen líderes en medio de la adversidad. Son personas que optaron por transformar esa montaña rusa de emociones de dolor y desesperanza en emociones llena de fe y esperanza por vivir.

Decía el extraordinario autor y experto en liderazgo, Warren G. Bennis que cuando nos desesperamos es porque sentimos que no existen opciones en la vida. Esta increíble mujer de acero, Ana María, ciertamente reconoció que tenía opciones: demostrar con coraje y valor que podía **salvar su vida salvando la de su padre.**

Ese acto de confirmar que existen más opciones en la vida, me conecta con el escritor John Brandon quien en una ocasión señaló que "el liderazgo es realmente una demostración de cómo uno actúa para que otros te sigan".

La Montaña Rusa de la Vida

Inicia mi carrera.
Soy invencible.

Continúa
la carrera.

¿Qué he
aprendido?

Me siento desarmado.
Adversidad.

Me siento desarmado.
Frustración.

Me siento desarmado.
Sigo corriendo y
aprendiendo.

2015 2016 2017 2018 2019 2020 2021 2022 2023 2024 2025

En esa demostración de liderazgo (tu carrera de vida), siempre habrá momentos en los cuales te sentirás desarmado(a). En esos momentos, haz estas preguntas de reflexión:

- ¿Qué quiero hacer?

- ¿Qué me atormenta?

- ¿Cómo lo trabajaré?

- ¿A quién debo buscar como apoyo?

- ¿Cuándo lo haré?

Las fases de la luna nos recuerdan que los humanos pasamos por tantas fases en la vida como sean necesarias para que podamos ver la luz parcial, la luz total, la oscuridad parcial, la oscuridad total y finalmente, tenemos la esperanza concreta de que volveremos a verla. Así es la vida. Se crece y se estira para convertirnos en líderes.

Ser un hombre o mujer de acero no es meramente lograr lo que nos proponemos en la vida, de sentirnos invencibles; sino cómo manejamos nuestros puntos de adversidad, de frustración y de querer entregar nuestra fe. En esos puntos bajos de la vida, en los que nos sentimos desarmados, crecemos como líderes de acero y de eso que aprendimos, lo usamos como herramientas poderosas para ayudar a otros a mantenerse en la carrera más importante de sus vidas: **salvarse y entender la posibilidad de ser líderes.**

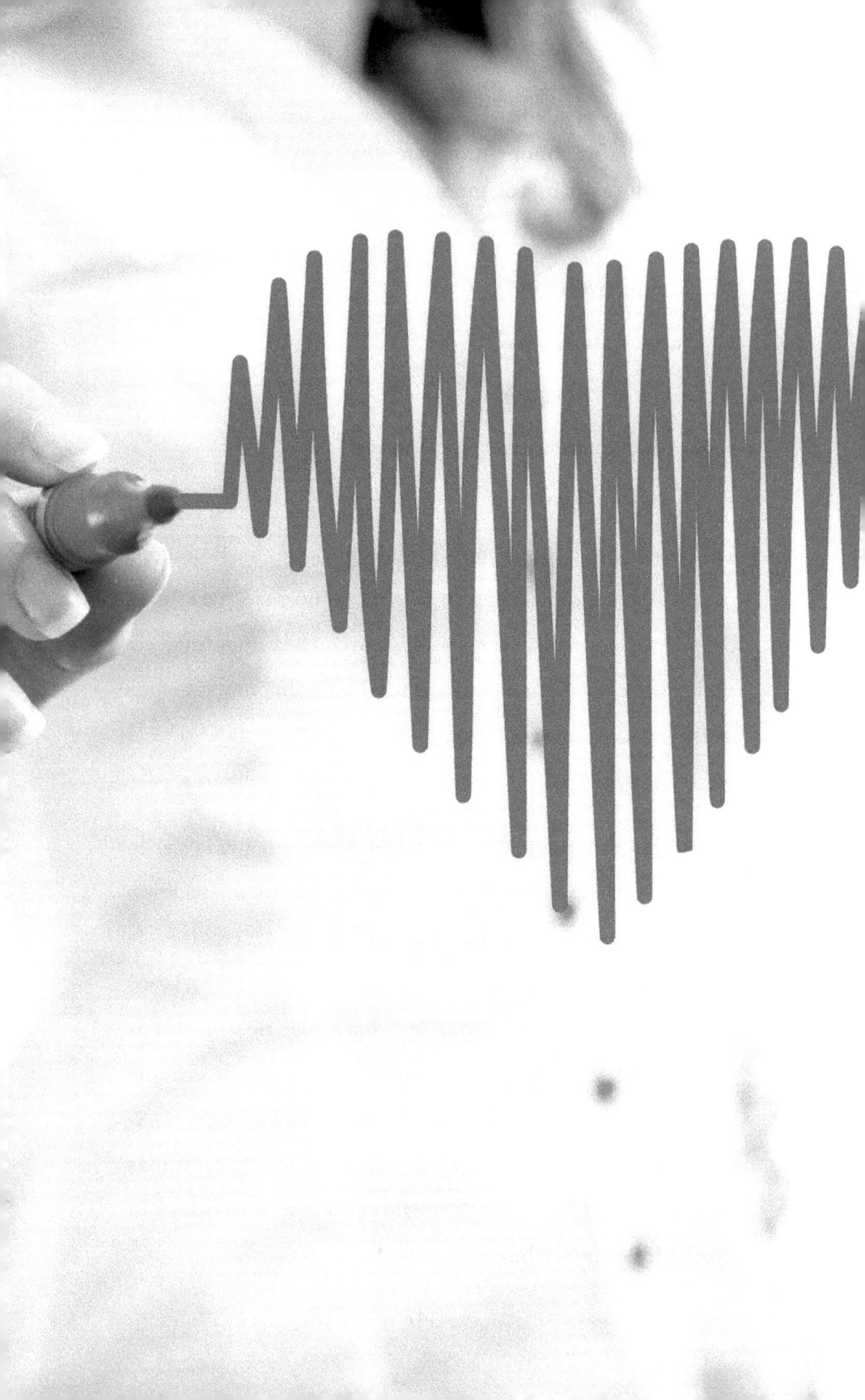

La belleza está en tu corazón

Se llama Nicole. Es la dueña del *Beauty*, del salón de belleza, del lugar que nos encanta visitar los sábados. Es una empresaria exitosa. Es el retrato exacto de aquellas cualidades que debe tener un líder, según describiera el filósofo de negocios Jim Rohn.

1 Es fuerte, pero amable.

2 Es noble sin ser débil.

3 Es humilde sin ser tímida.

4 Es orgullosa sin ser arrogante.

5 Tiene humor sin ser alocada.

6 Entiende y maneja su realidad.

7 Es audaz sin ser provocadora.

Aunque tiene cuarenta y tres años, siento que ha vivido un siglo. Perdió a su primera hija. Perdió a su segundo esposo. Nunca se queja de sus experiencias, nunca permite que nos vayamos del *Beauty* con caras tristes, desoladas o sin la esperanza de un mejor mañana.

Cada vez que una dama menciona que la vida solo trae problemas y desgracias, ella se acerca y comenta suavemente: "Mi esposo se suicidó. Aún así vale la pena seguir en este mundo."

He visto como el rostro de la persona cambia, cómo traga con dificultad y luego sus palabras comienzan a escucharse con un sonido distinto, un sonido lleno de positivismo y de amor. Simplemente estas se transforman. Es como escuchar al gran coach Tony Robbins cuando a través de él la persona puede manejar el control emocional de su vida. Las palabras de Nicole tienen ese efecto. Logran que uno reflexione en lo que nos pasa, en lo que nos enfocamos, en lo que perdemos el tiempo, en lo que tenemos, en lo que somos y hasta en lo que debemos sentir gratitud y no lo hacemos a diario. Eso es parte de ser un líder porque con su influencia hace que evaluemos nuestra vida y busquemos cómo ser un mejor 'yo'.

Sabemos que es muy fácil quejarnos de cada experiencia que no queríamos vivir, que no supimos manejarla o sencillamente no estábamos listos para entender el porqué teníamos que vivirla. Sin embargo, es nuestra actitud positiva la que nos permitirá responder a eso que vivimos y creemos que no era parte del libreto de nuesta vida. La realidad es que la vida es un combo de victorias y desaciertos que juntos dan el exquisito sabor a eso que llamamos vida, a esta dimensión terrenal. Sin azúcar o sin sal no podríamos distinguir la riqueza de cada sabor; así es la vida. Por eso, Nicole, la líder de la belleza del corazón, nos invita a buscar el sazón de la vida y a entender que tanto en los puntos altos como en los puntos bajos siempre debemos lograr que haya una actitud positiva para que pareen sus sabores.

El escritor y orador Jeffrey Gitomer sostiene que creer en uno mismo es la lección de actitud más poderosa que él podría compartir. De cierta manera, esto conlleva que efectuemos una autoevaluación de 'por qué'.

Por ejemplo:

¿Por qué creo en mí?
¿Por qué creo que puedo ayudar a los demás?
¿Por qué creo que me levantaré cada vez que me caiga?
¿Por qué creo que podré ser el/la mejor en lo que hago?
¿Por qué creo que los demás pueden ser mejores?
¿Por qué estoy aquí?

Cuestionar el 'porqué' me ayudará a comprender que la vida es mucho más que experimentar desaciertos y que podré manejarlos para ayudarme primero y luego, ayudar a otros. Es cuestión de *no tirar la toalla*, una frase del boxeo que apela a que no abandonemos la pelea, la lucha.

Cuando el entrenador del peleador tira la toalla en el cuadrilátero, es una clara señal de que todo se acabó. Como líder, antes de que te derrumbes o *tires la toalla*, llena tu vida de actitud positiva. Examina cuántas horas diarias, semanales, mensuales y hasta anuales se destinan a insumos positivos, cómo percibes cada día, qué estás leyendo que realza tu espíritu, qué escuchas que levanta tu espíritu, qué pensamientos positivos te repites cada día. Todo esto te ayudará a mantenerte como un roble, a pesar de las tormentas y a *no tirar la toalla* en la vida.

Cada día que recibo la bendición de vivir, repito la siguiente frase: *"Estoy viva. Tengo otro día más para ser una mejor líder y para seguir ayudando a otros a descubrir las bendiciones del liderazgo. Soy una soñadora que no me doy por vencida"*. Utiliza afirmaciones positivas para creer en ti, respetarte y amarte. Si no te amas, ¿cómo podrás liderarte y liderar a otros? Reconoce lo siguiente:

- Nací para ser feliz.
- Estoy lleno de actitud positiva.
- Tengo el poder de perdonarme.
- Soy mejor que ayer.
- Tengo derecho a caerme y a levantarme.
- Soy un ser extraordinario.

- Cada día que crezco puedo forjar más líderes.

- Celebro que controlo mi vida.

- Estoy capacitado para ser un líder.

- Celebro que puedo conectar con otros.

- Amo mi ser.

- Soy bello (a), por dentro y por fuera.

- Soy un ser lleno de luz.

- Persigo la excelencia en lo que digo y hago.

Repite estas afirmaciones y aquellas que desees incluir a esta lista. Cuando inundamos nuestro ser de actitudes positivas, comenzamos a mirar la vida con nuevos cristales de liberación y sanación. Entrena tu mente para alejar el deseo, el apego y el negativismo. Como dicen los Navy SEALs, "cuando creas que puedes hacer algo que te cueste, no renuncies a ello porque esto te hará una mejor persona". Nicole, la líder de esta historia, repite que será mejor cada día y esta bendición la extiende para quienes llegan a su vida. Su actitud positiva nos recuerda que **la fortaleza mental y la belleza del corazón son inseparables cuando decidimos ser líderes.**

Luché contra un tiburón

Mi padre, Johnny, perdió dos dedos y medio de su mano izquierda hace cuarenta y dos años. La manera en que quedó su mano dio paso a que Papi creara para los niños la historia de que había luchado contra un tiburón y que aunque había sido valiente y le había vencido, el tiburón se había quedado con varios dedos de su mano. "Fue una feroz lucha", según narraba una y otra vez.

De esa historia infantil que en realidad era una historia de un adulto tratando de sobrellevar lo que había experimentado durante trece años de continuas operaciones en su mano izquierda, aprendí lo siguiente:

1 Tu fortaleza mental y espiritual te ayudarán a manejar cualquier situación en la vida y a manejar cómo reaccionen los demás ante la misma.

El día del accidente, una hermosa mañana de verano, un abanico de una máquina de equipo pesado literalmente devoró la mano de mi padre. Mientras buscaba ayuda en la avenida (estaba solo y no podía conducir), el primer caballero que se detuvo le indicó que no podía llevarlo puesto que mancharía con sangre las alfombras nuevas del auto. Si Papi no hubiera estado preparado para esa reacción, se hubiera desplomado mientras sujetaba con dolor parte de los dedos que le restaban. Tuvo fe.

2 Ocurren milagros inesperados en la adversidad.

Después de que se marchara el caballero que le negó su ayuda, llegó un samaritano que con amor y generosidad humana lo llevó hasta el hospital más cercano. Se aseguró de dejarlo en la sala de emergencia y que lo atenderían. Esperó a que se lo llevaran a otro hospital especializado en esos tipos de accidentes. Sin publicar que era un héroe, se marchó. A ese samaritano, gracias hasta la eternidad. Le debemos que Papi pudiera contar por tantos años la historia del tiburón. Bendecido sea por siempre.

3 Tu actitud hace la diferencia. La vida continúa.

Papi regresó al trabajo como operador de equipo pesado, con una mano sin movimiento que le cambió su vida. Las palancas de las máquinas de equipo pesado requerían que muchas veces usara ambos manos; no obstante, a pesar de su condición y del fuerte dolor, trabajó en distintos proyectos de terrenos sin quejarse y empeñado en continuar su misión de que con lo que ganaba pudiéramos estudiar en la universidad. ¡Lo logró!

4 Respeta a los demás.

Para mi hermana y para mí (mi hermano no había nacido), aprendimos que una discapacidad física o mental no era un factor para burlarse de quien la tuviera. Cuando jóvenes, nos convertimos en promotoras del mensaje de la igualdad y del respeto para aquellas personas que tenían una discapacidad física como la de Papi. Participamos en foros y en organizaciones destinadas a servir a estas maravillosas personas. Ahora, de adulta, llevo el mismo mensaje a través de los programas de comunicación y liderazgo.

En estos cuarenta y dos años luego del accidente, Johnny, mi padre, ha experimentado muchas adversidades. Desde una amputación del ojo derecho, dos infartos y hasta un derrame cerebral, que en el 2014, hizo que perdiera el habla y la coordinación de sus brazos y piernas, por dos meses. Sin embargo, nunca se rindió. Siempre buscó la manera de levantarse, de darnos el ejemplo de seguir caminando y luchando en la vida.

En el programa *Hero for the Holidays*, el comentarista Jason Whitlock mencionó cómo algunos atletas tenían mayor capacidad para recuperarse de las adversidades que otros. Me llamó la atención que recalcara que si nunca hemos experimentado una situación que requiera que luchemos por lo que queremos en la vida, es poco probable que podremos manejar la adversidad al igual que el tiempo que necesitamos para recuperarnos y ser mejores luego de lo que vivimos. Eso me hizo pensar en la capacidad de Papi de levantarse tras cada adversidad.

Hoy día, mi padre, continúa con sus caminatas hasta la playa, uno de sus lugares favoritos. Su caminata es distinta y más lenta. Su ánimo también ha cambiado. No obstante, es un ejemplo de valor, de fortaleza mental, de resiliencia y de no rendirse ante las situaciones que nos toca vivir, algunas esperadas y otras, no.

Lo increíble es que hasta este momento no he escuchado de Papi que se queje de tantas cosas que ha vivido. Estoy segura de que la degeneración de su cuerpo no ha sido un proceso fácil para él; sin embargo, me ha ayudado a ver las situaciones que he vivido de otra manera, a manejar el dolor, aprender de este y nacer de nuevo. Del comunicador liberador Joel Osteen he aprendido que no debo perder mi tiempo buscando el porqué de las cosas que nos pasan, sino que debo verlas como una bendición. Son regalos que luego de manejar el dolor nos permitirán ayudar con valentía a los demás. Esto es exactamente lo que atesoro de mi padre. ¡Vivir sin reclamaciones!

A Papi, gracias por enseñarme a perseverar y, sobre todo, a enfocarme en lo que quiero lograr. Gracias por enseñarme la mejor lección de vida: **podemos vencer aquellos tiburones que nos alejan del camino del liderazgo.**

En Isabela, Puerto Rico. Papi descansando
y mirando hacia la playa.

No es fácil, pero se puede

"Abuela, soy Elbia, la novia de Rubén. Abuela, soy Elbia, no se acuerda de mí?" Así comienzan y terminan los encuentros con Abuela Santa, una mujer maravillosa, menuda y canosa, de aspecto angelical, que le ha tocado vivir y sentir en su cuerpo, en su cerebro, la despiadada enfermedad del Alzheimer. Abuela forma parte de esos 47 millones de personas que en el mundo nos enseñan con amor, lo que es vivir y luchar cada día por retener alguna claridad en su mente al igual que luchar por su dignidad.

Cada cuatro segundos una persona en el mundo es diagnosticada con Alzheimer. A nivel biológico, el cerebro pierde su capacidad de funcionar y a nivel individual, esta enfermedad se roba la identidad, se roba los recuerdos gloriosos y adversos vividos, se roba la evolución de una gran vida, de un gran ser.

A pesar de que este ladrón de pensamientos, del lenguaje y de las emociones continúa trastocando nuestro entorno familiar, esta dulce dama tan especial se ha convertido en una de mis heroínas favoritas. Abuela logró que me reconectara con tres principios humanos universales:

161

1 A nunca rendirme. Abuela era escritora como yo. Amaba expresarse con elegancia y era una adicta a la lectura. Hoy día, pasa largas horas tratando de escribir y recuperar su luz con las palabras, utilizando una libreta escolar. Lo que escribe no se entiende; sin embargo, es como si descubriera un mundo de alivio y autocompasión cada vez que lo hace. Abuela me inspira, me persuade a seguir luchando día tras día, a nunca rendirme. Con su ejemplo, se ha convertido en una líder para nuestra familia y la comunidad que la rodea. ¡Es una campeona!

2 Ante la adversidad, tener una buena cara. Abuela Santa constantemente repite: "No es fácil, pero se puede. No es fácil, pero se puede. No es fácil, pero se puede." Es un torrente de positivismo inexplicable y contagioso.

3 Regala siempre una sonrisa, sin importar lo que estés viviendo. Abuela me regala muchas sonrisas, aunque no me reconozca. Con esa sonrisa, me hace sentir que todavía hay esperanza para cada una de las personas que sufre esta inhumana y despiadada enfermedad.

Estos tres principios me hacen pensar que como oradora, comunicadora y líder en construcción debo celebrar cada oportunidad que Dios me brinda de hablar, de conectar con la gente porque amo compartir la palabra con el público, amo servir a los demás a través de las palabras y de las acciones que tratan de sanar almas.

En la brillante película *Still Alice* (2015), el personaje principal Alice es una profesora de lingüística a quien le diagnostican Alzheimer. Como espectadores, somos testigos de cómo la enfermedad se apodera de su vida y la va transformando. Mientras ofrece su último discurso sobre lo que está viviendo, Alice nos susurra con poder que no olvidemos a quienes han comenzado a olvidar sus recuerdos, a quienes luchan por mantenerse conectados con quienes fueron una vez y quienes tratan de manejar el arte de perder los momentos más significativos de su vida.

Probablemente conoces a alguien que padece de esta cruel enfermedad; quizás te ha tocado vivirlo en tu familia como nos tocó a Rubén y a mí. Si te ha tocado vivirlo, admiro tu fortaleza mental y tu compasión para estos seres que luchan como gladiadores y gladiadoras por preservar su individualidad, su identidad como Abuela y Alice. Sobre todo, admiro esa fortaleza mental de sus cuidadores quienes ahora viven el rol de ser padres y madres de sus propios padres. Se han convertido en los líderes familiares por excelencia como el caso de Doña Mirta, la madre de mi compañero Rubén, quien de manera incansable atiende con amor a nuestra Abuela.

Por eso, propongo que cada 21 de septiembre, el día mundial de la alerta del Alzheimer, reconozcamos cuán bendecidos somos de que podemos compartir un mensaje, claro y entendible todavía. Reserva en tu agenda de vida ese día para que no se te olvide que es un día de pleno agradecimiento. Gracias, Abuela, por enseñarme a ser una mejor líder llena de sentimientos, emociones y empatía por los demás. Sin emoción, no hay conexión; sin conexión, no puede haber influencia y tampoco puedo liderar mi ser. Gracias por influenciarme de manera positiva y lograr que reflexione en tantas bendiciones que he recibido que muchas veces no reconozco.

La vida tiene contrastes. Si observamos al cielo, muchas veces tiene un lado lleno de luz y el otro lado, completamente sombrío. Es como si quisiera recordarnos que la vida tiene momentos donde todo brilla y todo está bien al igual que tiene momentos oscuros que requieren de nuestra fe, de nuestra valentía y de querer seguir hacia adelante, aunque nos caigamos cien o miles de veces.

En honor a esta encantadora luchadora, Abuela Santa, te invito a que nunca te rindas, al mal tiempo muestres tu mejor cara, acompaña esta acción con una sonrisa de diamantes y agradece las bendiciones de tu vida porque a pesar de todo...**no es fácil, pero se puede.**

Rubén con Abuela Santa. Con su famosa
libreta tratando de reconectar con su pasado.

Detente. Haz un pare.
Reflexiona con estas citas.

La gente nos mira. La forma en que vivimos y actuamos constituye nuestro legado. Eso es mucho más importante que la herencia que dejemos.

—Ken Blanchard

Mientras más uno se olvida de sí mismo, por entregarse al servicio de una causa o por amar a otra persona, más humano uno se convierte y más trasciende en la vida.

—Viktor Frankl

Un líder tiene que transmitir todo lo aprendido a su equipo. La tarea principal de un líder es crear y desarrollar nuevos líderes. Si no lo hacemos, estaremos creando un batallón de seguidores, en vez de un ejército de líderes.

—Rubén Huertas

Un líder es un estudiante eterno que tiene la oportunidad de aprender mientras observa y escucha con atención lo que dicen las acciones de otros líderes en el mundo. Al evaluar estas acciones y emociones, podrá determinar aquello que es apropiado para su filosofía de liderazgo.

—Elbia Quiñones

Un buen líder es aquel que está realmente basado en valores.

—Miguel Ángel Cornejo

No hagan nada por rivalidad o vanagloria. Que cada uno tenga la humildad de creer que los otros son mejores que él. No busque nadie sus propios intereses; sino más bien preocúpese cada uno por los demás.

—Pablo a los Filipenses

La función del hombre no es alcanzar un objetivo, sino cumplir un propósito; no para llevar a cabo, pero que este sea alcanzado.

—S. E. Stanton

El orgullo es la fortaleza que independiza a los humanos de Dios.

—Oswald Chambers

La razón por la cual me gusta hablar tanto sobre el tema de liderazgo es que me parece, en mi experiencia, que es la palabra menos entendida y tergiversada en nuestro vocabulario.

—Charlie "Tremendous" Jones

Quiero que en vez de que a cada niña pequeña que le dicen que le 'gusta dar órdenes', que le digan mejor que tiene destrezas de liderazgo.

—Sheryl Sandberg

¿Quién deseo llegar a ser? Un ser que utilice su fuerza para construir, jamás edificar ninguna de mis victorias sobre la destrucción.

—Miguel Ángel Cornejo

Cuando un líder abraza su responsabilidad de preocuparse por su gente en vez de preocuparse más por los números, estos lo seguirán, resolverán los problemas y procurarán que la visión del líder se haga realidad de la manera correcta y estable, no de la manera conveniente.

—Simon Sinek

Los líderes deben dispersar las neblinas que surjan al definir la visión.

—Fred Smith

Para construir una vida llena de liderazgo es necesario que se defina una base con columnas de varillas fuertes de compasión, solidaridad, humildad y empatía por los demás.

—Elbia Quiñones

Cuando ya no somos capaces de cambiar la situación, tenemos el reto de cambiarnos.

—Viktor Frankl

Los grandes líderes tienen la capacidad de ser humildes en el fracaso y en el error, no como una cuestión de hábito, al menos una parte del tiempo. Irónicamente, esta capacidad, en lugar de destruir su imagen, credibilidad y poder, a menudo los fortalece.

—Lorin Woolfe

La lección más grande que he aprendido es a ser vulnerable y creer en mí.

—Misty Copeland

Las personas felices y las personas de éxito son las que salen de su camino para influenciar a tantas personas como sea posible. Sin embargo, con el fin de encajar mejor uno y vivir en ese tipo de vida, es importante que ciertos hábitos se puedan adquirir. Uno de estos es la responsabilidad que tenemos para con los demás.

— Booker T. Washington

La fuerza de la vida no está en la certeza de que podamos hacer cualquier cosa, sino en la perfecta certeza de que Dios las hará.

—Oswald Chambers

Un líder tiene que producir todas las oportunidades, producir las causas para que las cosas sucedan.

—Miguel Ángel Cornejo

Un líder de excelencia es como un *chef* que continúa mejorando sus recetas todo el tiempo. Por lo tanto, las escribe a lápiz porque conoce que prontamente estará modificando las mismas. Un líder obsoleto es como un cocinero que aún utiliza recetas aprendidas hace veinte años.

—Rubén Huertas

Si quieres probar tus límites, tienes que entrenar tus límites.

—Navy SEALs

El éxito en la vida es completar tu círculo de crecimiento como persona.

—Gloria Steinem

Si la diferencia entre motivación y manipulación es saciar la sed, entonces la clave para un líder es encontrar personas sedientas.

—Fred Smith

Mensaje Final

Mensaje Final

Los valores y destrezas que aprendemos de niños como la honestidad, la lealtad, la integridad, el respeto por los demás, compartir lo que tienes, comunicar siempre la verdad, ser disciplinado y tener responsabilidad por nuestros actos, constituyen la base para el desarrollo sólido de un líder. Los primeros líderes que conocí fueron mis padres y mis abuelos. De ellos aprendí que no se juega con estos valores, no importa la edad que tengas o lo que hayas logrado en la vida. Sencillamente mueres por ellos. Asimismo aprendí que un líder busca que las próximas generaciones sean mejores que el líder mismo. De manera contundente comparto que mis padres y mis abuelos lograron con intención su cometido. Soy una mejor versión, gracias a sus lecciones de vida, de amor y de liderazgo porque *el liderazgo se vive dondequiera*.

Personajes que conocemos en la calle, en el salón de belleza, en el taxi, en la oficina, en la empresa, con la familia y hasta con los amigos, nos permiten entender mejor los principios de liderazgo porque *el liderazgo se encuentra dondequiera*. Vive, siente y afina las cuerdas de tu liderazgo y asegúrate de desarrollar a otros que tienen el potencial de ser líderes. Esta es, sin lugar a dudas, la misión más grande de un líder y es la manera irrebatible de reconocer que *el liderazgo está dondequiera*.

LIDERAZGO 101

Para concluir este libro, te invito a evaluarte. Escoge el encasillado que aplique a tu situación actual.

	Sí	No
Trato a la gente como ganadores.	☐	☐
Lidero para que los equipos de trabajo desarrollen una relación de hermandad.	☐	☐
Reconozco que algunos de los integrantes podrían sentirse olvidados o solos en algunos momentos. Me enfoco para incluirlos.	☐	☐
De manera rápida, identifico el comportamiento tóxico en los equipos o círculos de trabajo.	☐	☐
Escucho con intención las preocupaciones y ansiedades de quienes sirvo para evitar crisis o salidas abruptas.	☐	☐
Evalúo mis acciones y decisiones diariamente. Estoy consciente de las áreas en las cuales brillo y en las áreas en las que no brillo. Sé que puedo mejorar.	☐	☐
Me comunico de manera informal con los miembros de los equipos de trabajo para saber cómo se sienten y qué podemos mejorar juntos.	☐	☐
Estoy preparado para manejar situaciones emocionales difíciles. Tengo fortaleza mental.	☐	☐
Respondo de manera calmada y enfocada para manejar situaciones inesperadas, con mi familia y en el entorno laboral.	☐	☐
Trabajo con mi legado y la formación de más líderes.	☐	☐
Soy consistente con mis acciones, valores y creencias.	☐	☐
Soy innovador y escucho con atención las ideas innovadoras de quienes me rodean, ya sea en el entorno familiar o profesional.	☐	☐
Mi plan de desarrollo personal y profesional es continuo. Prepararme nunca termina.	☐	☐

Conoce a la autora

Elbia I. Quiñones es fundadora y diseñadora de los programas de Fast Growth International. Incorpora elementos de persuasión visual y de lenguaje no verbal en sus presentaciones, logrando así una comunicación clara y de excelencia.

Cuenta con más de veinte años de experiencia corporativa y organizacional. Domina, además, los elementos de persuasión y comunicación efectiva. Se desempeña, además, como diseñadora de presentaciones y discursos corporativos y protocolarios. Utiliza los principios orientales como método de proyección para sus presentaciones y enseñanzas, de manera que logra aumentar la retención del aprendizaje en un 70%.

Es una profesional de la voz. Es maestra de ceremonias y animadora, oradora y presentadora de temas tales como: Tu Cuerpo Habla, Negociación Corporal, Escucha tu Voz, El Poder de la Oratoria, Maestro de Ceremonias Poderoso y Mercadeo de Guerrilla. Ayuda a los empresarios a proyectarse con poder. Le llaman "La dama de la oratoria".

Elbia también ostenta la designación de "Toastmaster Distinguida" (DTM), el más alto reconocimiento que otorga la organización Toastmasters International®, siendo la primera persona en Puerto Rico en alcanzar tan cotizado galardón por completar sus programas de comunicación y liderazgo. Fue escritora colaboradora en el 2013 en el libro de Toastmasters, "Heart of a Toastmasters", con su historia *Anything is Possible*.

Asimismo, obtuvo varias designaciones ofrecidas por la institución *School of Body Language* de Washington, incluyendo "Advanced Body Language". Es coach, adiestradora y oradora certificada por la prestigiosa organización, The John Maxwell Team® desde el 2013.

Es también autora de los libros "El Poder de la Oratoria" (2012), "Maestro de Ceremonias: Conecta con Poder" (2014), "Citas para engalanar tu oratoria" (2014) y "Trilogía del Comunicador Completo" (2014).

Como parte de su trabajo voluntario, ofrece talleres de liderazgo para jóvenes y charlas de desarrollo personal y comunicación para los centros universitarios. De igual manera, es miembro de la Junta Asesora del Departamento de SOFI de la Universidad de Puerto Rico, Recinto de Arecibo.

Cree con pasión y con firmeza que todos los seres humanos pueden alcanzar su máximo potencial en la vida, cuando así lo desean y trabajan para ello. Así también, cree que cuando somos líderes o líderes en construcción tenemos la misión encomiable de atraer con intención aquellos seres que están dispuestos a dejar su legado positivo a las próximas generaciones.

La autora está disponible para presentaciones, seminarios, talleres y consultoría tanto en inglés como en español. Para contrataciones pueden comunicarse con Power Publishing Learning Systems al 787.378.0598 o mediante correo electrónico a elbia@fastgrowthpr.com

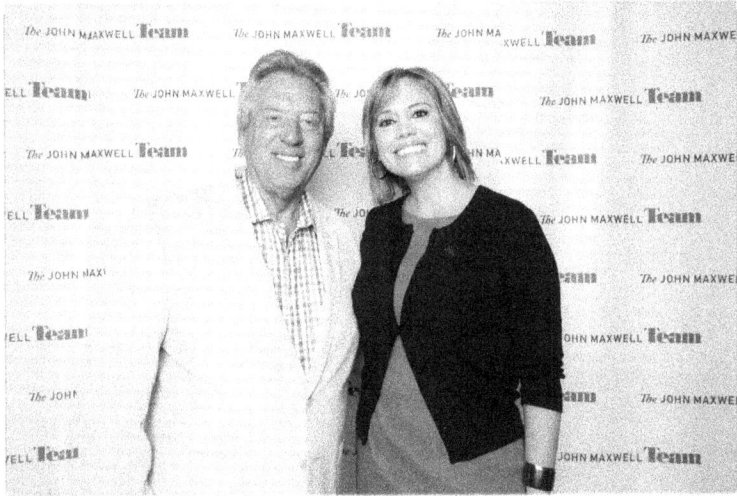

Aprendiendo a liderar con
el increíble Dr. John C. Maxwell

Índice

Índice

A

Abuela Santa 161, 164, 165
Adolfo Bioy Casares 103
Adolfo Hitler 57
afirmaciones 152
Albert Lieberman 129
Alejandro Guevara 129
Alice 163
Alzheimer 161
Ana María 144
Andrea Lages 128
Argentina 69, 113
Arianna Huffington 131
aros doblados 75
Arthur Rosenfeld 78

B

B. Kaye 129
Beauty 149
Ben Whitaker 47
Bernard Madoff 44
Booker T. Washington 185
Boris Groysberg 23
Buenos Aires 69, 113, 126

C

Café La Biela 102, 105
cáncer 144
canastas de bendición 25
Castillo San Felipe del Morro 104
Charlie 'Tremendous' Jones 176
Chopra 131
chupacabra 76
Coco Chanel 10
Comunicación 101 (cuestionario) 85
Constantin Stanislavski 132
cuatro 81

D

Dalai Lama 6, 98
Dale Carnegie 127, 128, 130
de punta en blanco 41, 42
Delfos 110
Derek Sheperd 53
Don Ricardo 113
Dra. Rosario Núñez de Ortega 128
Dr. J. B. Jones
(James Breckenridge Jones) 6,113
Dr. John C. Maxwell 45, 129, 130, 131
Dr. Manuel 'Coco' Morales 61
Dr. Tim Elmore 59

E

Earl Shoaff 6

Earl Nightingale 11, 27

Ednita Nazario 95

El Ateneo 126

Elbia Quiñones 171, 181

Ellen Parsons 44

Émile Coué 58

Encore.org 51

España 115

F

FIFA 64

Florida 45

Ford 131

Fred Smith 128, 129, 180, 191

Full News 127

G

Gary Chapman 131

Gary Genard 129

Garr Reynolds 130

Glenda Liz Santiago 25, 26, 27

Gloria Steinem 190

Guy Kawasaki 70

H

Harry Markopolos 44

Hero for Holidays 157

How to Win Friends and Influence People 127

Hyvon Ngetich 19

I

inteligencia emocional 84
Isabela 159

J

Jack Canfield 129
Javier 143
Jeffrey Gitomer 151
Jesús 133
Johnny 155
Jim Rohn 129, 149
Joe Navarro 132
Joel Osteen 131, 158
John A. Barnes 129
John Brandon 145
Joseph O'Connor 128
Jorge Luis Borges 102

K

K. Shleton 129
Kasia Wezowski 131
Ken Blanchard 168
Kouzes 131

L

Lailan Young 130
Las Vegas 45
Llanero solitario 88, 89, 91, 93

liderazgo xi, 3, 4, 10, 11, 12, 13, 14, 17, 18, 19, 21, 22, 23, 45, 47, 48, 50, 51, 54, 59, 64, 65, 71, 72, 84, 88, 93, 106, 107, 115, 116, 117, 127, 129, 132, 133, 135, 140, 144, 145, 157, 159, 171, 176, 177, 181, 195, 199

liderazgo se vive dondequiera 195

liderazgo se encuentra dondequiera 195

Liderazgo 101 (cuestionario) 196

Lorin Woolfe 130, 183

M

M. Goldsmith 129

Madre Teresa 57

mantra 91

María Lucía 41

Marc Divine 131

Marc Sanborn 132, 140

Marie Kondo 131

Martin Shkreli 65

Marvin Karlins 132

melodía 81

Meredith Grey 53, 54

metas 121, 125

Michael Parker 65

Michael Slind 23

Miguel Ángel Cornejo 57, 172, 178, 187

Misty Copeland 184

montaña rusa 136, 146

Museo Conmemorativo del Holocausto 57

música 81

N

Napoleon Hill 127
NASDAQ 44
Navy SEALs 153, 189
Nicole 149, 150
no tirar la toalla 151
Nueva York 54

O

Oprah Winfrey 132
orquídea 76
Osvald Chambers 175, 186

P

Pablo a los Filipenses 173
Patty C. Hewes 44
Patryk Wezowski 131
Paul White 131
Phil Jackson 130
Philippe Petit 54
Philippe Turchet 131
piloto 84
Posner 131
Proverbios 21
Puerto Rico 53, 61, 76, 81, 104, 113, 115, 117, 140, 159, 199

R

Ralph C. Smedley 130
Regina Maruca 132
Richard Wiseman 132
Robert Galford 132
Roberto Durán 19
Rollo May 134
Rubén Huertas 4, 9, 31, 55, 80, 87, 121, 129, 136, 169, 186
Rumi 80

S

Sally Hogshead 129
San Juan 104
San Sebastián (SanSe) 53
se le nota la costura 44
S.E. Stanton 174
servidor 93
Sheryl Sandberg 177
Simon Sinek 179
síndrome del llanero solitario 88
Sócrates 110
Star Wars 57
Stella Adler 130
Stephen Covey 127
Still Alice 163
Sugar Ray Leonard 19

T

Tai-chi-The Perfect Exercise: Finding Health, Happiness, Balance, and Strength 78

Tal Ben-Shahar 77

Talk In: How Trusted Leaders Use Conversation to Power Their Organizations 23

The 7 Habits of Highly Effective People 127

The 25 Best Self Improvement Books to Read Before You Turn 25 127

The Encore Effect 140

The Intern 47

Think and Grow Rich 127

tiburones 159

Timothy J. Koegel 130

Toastmasters International® 45, 140, 199

TOC TOC 69

TOC 71, 72

Tony Sciarra Poynter 130

Tony Robbins 130, 150

turbulencia 84

U

un, dos, tres y reflexiona 91

Universidad de Puerto Rico 61

V

Vic Johnson 132

Victor Chan 7

Viktor Frankl 169,182

Viejo San Juan 53
Volkswagen 64
voy subiendo...voy bajando 53

W

Warren G. Bennis 145
Washington, DC 57
Wharton 128
William Cumpiano 83
Williamson 131

Y

YouTube®

Z

zapatos 55
Zig Ziglar 128

Material educativo de la casa editora
Power Publishing Learning Systems™

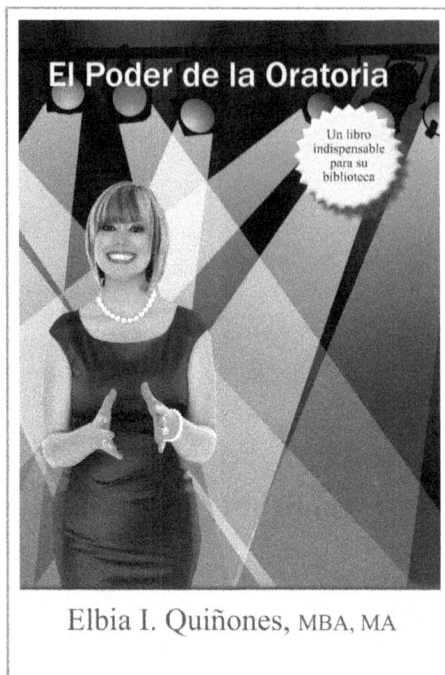

El Poder de la Oratoria

Un libro
indispensable
para su
biblioteca

Elbia I. Quiñones, MBA, MA

El Poder de la Oratoria

ISBN 978-0-9819090-9-7

La autora Elbia Quiñones conoce exactamente lo que se siente al comunicarse con el público. Desde nerviosismo, frío, calor y sudor hasta imaginar y escuchar mariposas que revolotean en el aire, decididas a perturbar la concentración que se requiere para cumplir la gran misión de llevar un mensaje con contenido a la audiencia.

En este libro encontrarás un mundo de ideas, técnicas y sencillas historias que te ayudarán a convertirte en ese extraordinario orador que llevas por dentro. ¡El mundo necesita de tu mensaje, el mundo necesita de ti!

Maestro de Ceremonias
Conecta con Poder

Elbia I. Quiñones, MBA, MA

Maestro de Ceremonias

ISBN 978-0-9961067-0-2

Cada ceremonia transforma un evento o suceso ordinario de la vida en uno muy especial donde reina el respeto, la cortesía y el orden. Conducir eventos es una gran oportunidad de crecer y destacarse en un campo de trabajo diferente, atractivo, interesante.

Conoce los elementos esenciales para fungir como un maestro de ceremonias de altura. Desde la preparación de los libretos hasta los formularios a utilizar. Cómo colaborar cuando son dos los maestros de ceremonia. Domina la pronunciación, la respiración y hasta cómo alimentar tu voz. Aprende las técnicas de los más famosos y utiliza las muchas herramientas que en este libro se comparten.

EL COMUNICADOR COMPLETO

TRILOGÍA

ELBIA I. QUIÑONES, MBA, MA

El Comunicador Completo

ISBN 978-1-5060002-0-6

Este libro es una trilogía de los libros: El Poder de la Oratoria, Maestro de Ceremonias y Citas para Engalanar tu Oratoria. Esta magnífica obra compila todo este material en orden lógico y práctico para fomentar el entendimiento completo durante el proceso de la comunicación.

Todos estos libros son muy prácticos. Sin embargo, en este volumen compilado, se ofrece al lector exactamente el orden a seguir para desarrollar y pulir cada día más sus habilidades como comunicador. Este será su manual de referencia que siempre tendrá a la mano para cuando surja alguna duda, poder aclararla. Forma también un excelente texto para cursos o clases de comunicación tanto para estudiantes universitarios como para ejecutivos del mundo corporativo.

CITAS PARA ENGALANAR

TU ORATORIA

ELBIA I. QUIÑONES, MBA, MA

Citas para Engalanar tu Oratoria

ISBN 978-0-9961067-2-6

En este libro, el lector encontrará expresiones o mensajes que denotan actitudes hacia la vida, consejos para ser una mejor persona y lecciones para triunfar o manejar las experiencias que nos hacen crecer cuando pensamos o creemos que hemos perdido en la vida. Cada lección nos acerca más a la evolución positiva de nuestro carácter y de nuestra grandeza.

Para los que hacen presentaciones, estas citas le permiten generar focos de atención en distintos momentos de sus discursos. Asimismo, le ayudan a compartir la sabiduría de quienes le han precedido y le iluminan para caminar con elegancia en la oratoria al igual que en otras formas de comunicación.

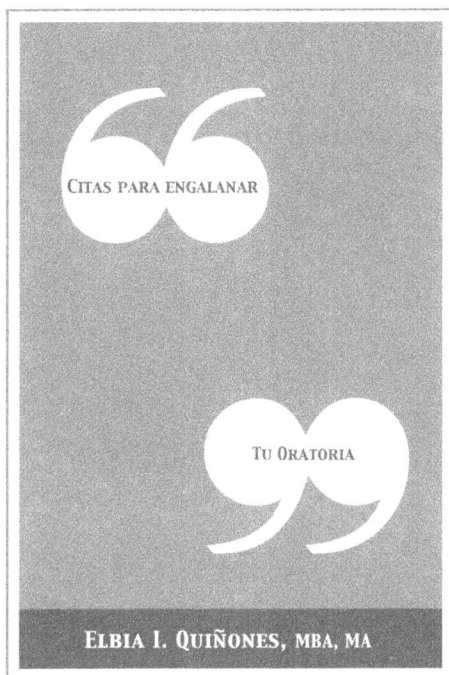

Batteries Not Included

A new approach to finding the source of true growth,
happiness, productivity and even the perfect mate.

Warning
True success comes
from true knowledge

Warning
True success comes
from true knowledge

R u b é n   H u e r t a s

Batteries Not Included

ISBN 978-0-9819090-3-5

When awareness comes in, programming goes out. The problems are inside yourself, not outside. The answer is within you, waiting for the question. As human beings, we are here on earth to evolve. We start out learning everything there is to learn in order to function properly within the rules of society.

However, in order to achieve true growth, it is vitally important for us to "unlearn" many of the things that society has so successfully ingrained within our minds. It is only after we have broken free of our programming that we are ready to wake up to life. Happiness is to be found along the way, not at the end of the road, for then the journey is over and it is too late.

R u b é n   H u e r t a s

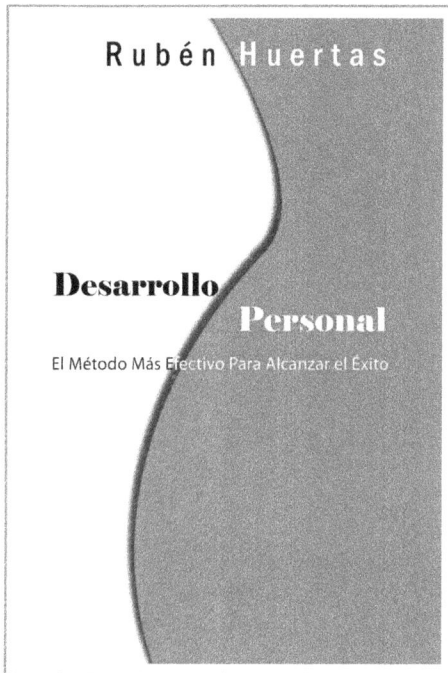

Desarrollo
Personal

El Método Más Efectivo Para Alcanzar el Éxito

Desarrollo Personal

El Método más Efectivo para Alcanzar el Éxito

ISBN 978-0-9819090-0-4

El desarrollo personal es la clave para todo crecimiento de negocio, industria o como individuos. Sin embargo, a veces solemos perder nuestro enfoque y no logramos alcanzar aquello que tanto anhelamos.

Reconociendo que hoy día vivimos una vida muy atareada y que pocas veces tenemos el tiempo necesario para reflexionar, este libro nos ofrece las herramientas necesarias para enfocarnos hacia la consecución de nuestros deseos y objetivos.

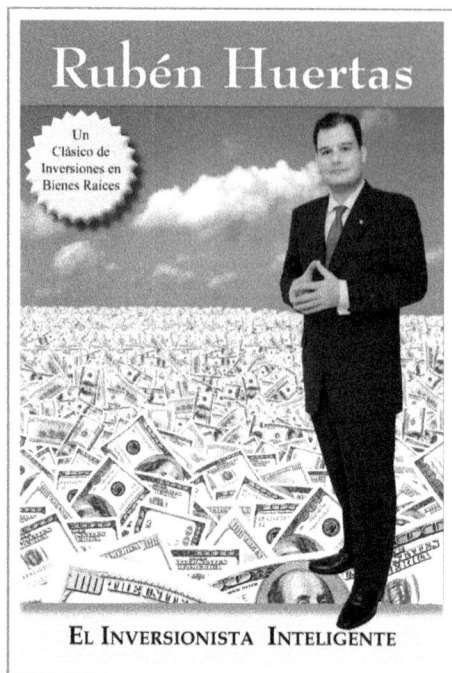

El Inversionista Inteligente

Elementos Fundamentales de las Inversiones en Bienes Raíces

ISBN 978-0-9819090-5-9

Las inversiones en bienes raíces representan una de las formas más efectivas para acumular y preservar riquezas. Las grandes fortunas siempre han contado con una porción significativa de activos en bienes raíces comerciales.

Sin embargo, es importante conocer y dominar los distintos indicadores de valor y rendimiento que representan la rentabilidad real obtenida de una inversión inmobiliaria. Logramos esto, a través de la educación y la práctica. En este libro se presentan los indicadores fundamentales para analizar correctamente y con precisión todo tipo de inversiones en bienes raíces comerciales.

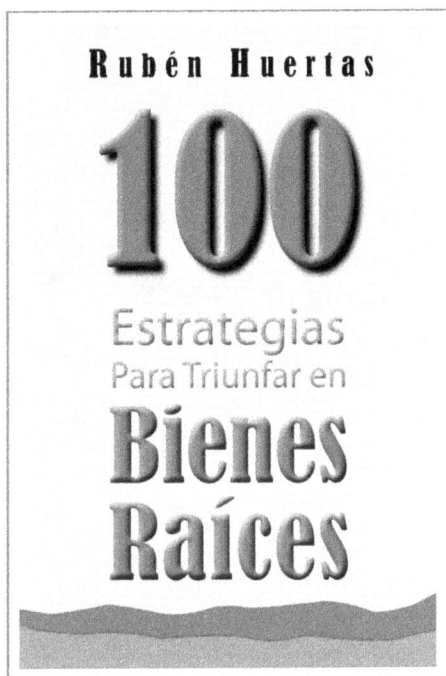

Rubén Huertas

100

Estrategias
Para Triunfar en

Bienes
Raíces

100 Estrategias

para Triunfar en Bienes Raíces

ISBN 978-0-9819090-1-1

Todo profesional necesita estrategias efectivas para aumentar su productividad. El material presentado en este libro ofrece de forma concisa 100 estrategias que lo ayudarán a pulir su práctica. Llévelo consigo y repase las estrategias que más apliquen a su necesidad actual. Produzca más, aplicando estrategias sencillas. Descubra el secreto de los corredores más exitosos.

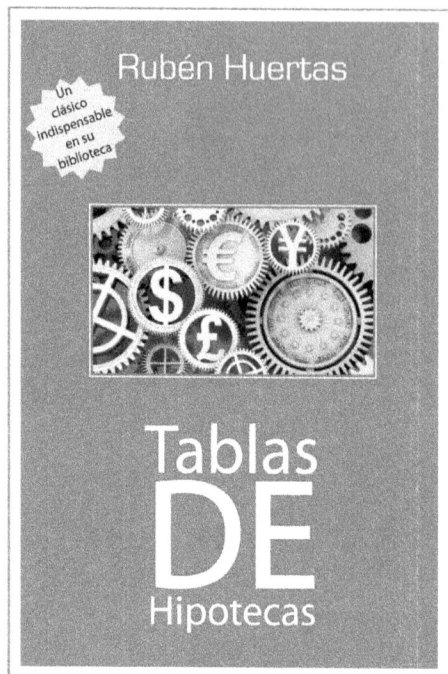

Rubén Huertas

Un
clásico
indispensable
en su
biblioteca

Tablas
DE
Hipotecas

Tablas de Hipotecas

ISBN 978-0-9819090-2-8

Las tablas de hipotecas son una herramienta poderosa que los profesionales necesitan para generar negocios de forma más rápida y efectiva. Sus clientes quieren esta información inmediatamente. Mañana podrán cambiar de parecer.

Esta guía es indispensable para agentes de bienes raíces, tasadores, banqueros, contables, originadores de préstamos, inversionistas, evaluadores, desarrolladores, economistas, administradores, agentes de seguro y otros. Produzca más transacciones y genere mayores ingresos. Utilice las técnicas de los profesionales altamente eficientes.

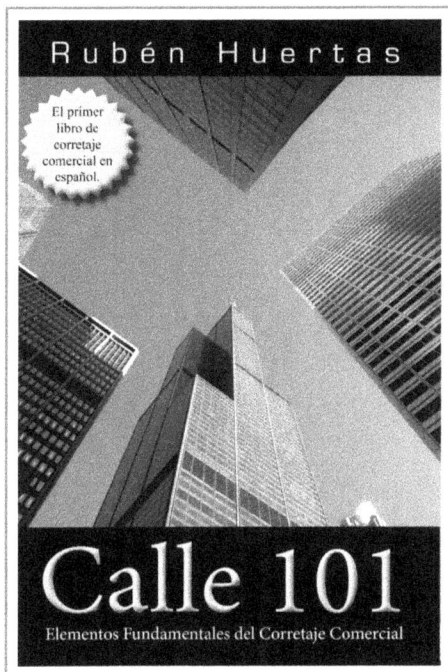

El primer libro de corretaje comercial en español.

Rubén Huertas

Calle 101
Elementos Fundamentales del Corretaje Comercial

Calle 101

Elementos Fundamentales del Corretaje Comercial

ISBN 978-0-9819090-4-2

Calle 101 es un excelente libro de texto y referencia sobre el corretaje comercial de bienes raíces comerciales. Este ilustra los conceptos básicos que rigen esta campo tan especializado. El lector aprenderá a identificar cuáles son los prospectos en los que debe enfocarse para obtener ventas exitosas y lucrativas.

El libro abunda en ejemplos de la vida real y muestra conceptos difíciles, de forma sencilla. El corretaje comercial de bienes raíces ofrece una de las oportunidades más completas para alcanzar el éxito a través del crecimiento personal, profesional y financiero del individuo. Se considera este una de las actividades empresariales más puras que existen en nuestra sociedad.

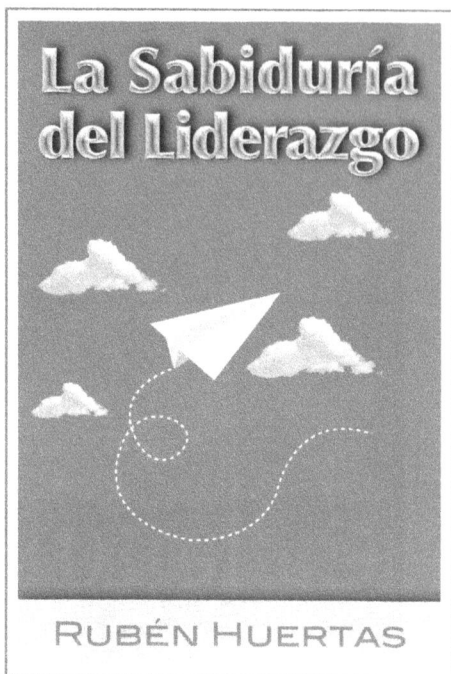

La Sabiduría
del Liderazgo

RUBÉN HUERTAS

La Sabiduría del Liderazgo

ISBN 978-0-9961067-1-9

Muchas veces un pensamiento, frase o comentario puede representar una gran enseñanza de vida, muy superior a cualquier clase, taller, seminario o curso. Ese es el poder de las frases. El liderazgo es un proceso que nunca termina. Estas frases pudieran ser el catalítico que impulse tu crecimiento a través de la acción intencional, producida como resultado de un entendimiento más claro de todo aquello que nos rodea.

Este libro de frases sobre liderazgo tiene el poder de impregnar el deseo de superación y excelencia a la vez que te invita a la reflexión y acción inmediata dirigida a maximizar tu producción.

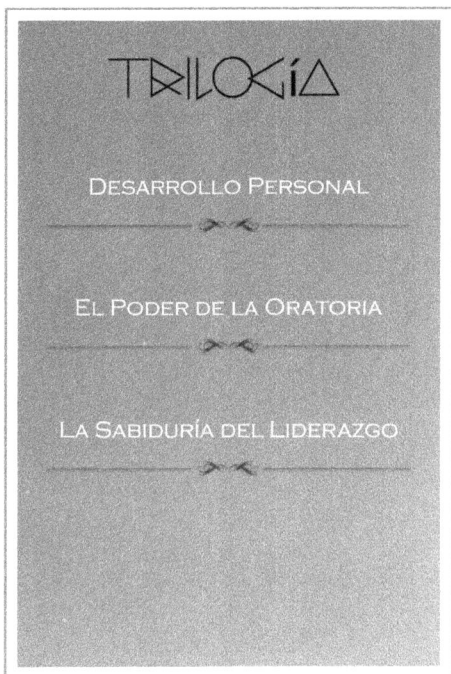

TRILOGÍA

DESARROLLO PERSONAL

EL PODER DE LA ORATORIA

LA SABIDURÍA DEL LIDERAZGO

Trilogía

ISBN 978-1-5009809-4-8

Una exquisita compilación de tres libros. Desde los principios básicos del desarrollo personal a través de la profundización interior que solidifica nuestro sentido de comunicación hasta la exteriorización de nuestro liderazgo mediante frases inspiradoras que te ayudarán a crecer como profesional.

Esta compilación es una edición limitada de tres de nuestros libros más vendidos para comenzar un plan de desarrollo personal y profesional. 590 páginas de puro crecimiento lleno de ideas, estrategias y recursos de formación, dirección e inspiración al más alto nivel.

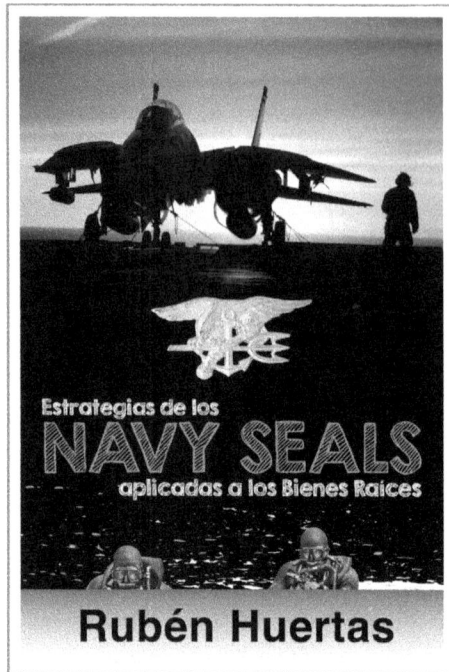

Estrategias de los *Navy SEALs*

ISBN 978-0-9961067-4-0

Los *Navy SEALs* son uno de los grupos militares más exitosos y efectivos del mundo. Su filosofía, adiestramiento y sistemas operativos hacen que estos se destaquen enormemente y cuando surge la necesidad de militares que efectúen misiones complicadas donde fracasar NO es una opción, envían a uno de los equipos dentro de esta agencia. El porcentaje de misiones exitosas de estos profesionales es indiscutiblemente superior.

Estas mismas estrategias, filosofías y sistemas pueden ser aplicados al negocio de los bienes raíces. El autor se dio a la tarea de transferir los sistemas exitosos de los *Navy SEALs* a la práctica de bienes raíces, creando un sistema de éxito sin igual. Descubre sus secretos en este libro.

Administración de Propiedades

La Guía Oficial

ISBN 978-0-9961067-5-7

La administración de propiedades es una de las áreas más delicadas dentro de la industria de los bienes raíces. Una propiedad puede ser todo un éxito o un fracaso total, dependiendo de las cualidades del administrador. Ser un administrador de propiedades requiere una de las más extensas listas de destrezas y habilidades de cualquier profesión. No cualquiera puede ser un administrador exitoso.

En este libro conocerás los detalles esenciales para comenzar en el largo camino de convertirte en un administrador de excelencia y producir de manera consistente un alto rendimiento en la inversión para los titulares de la propiedad.

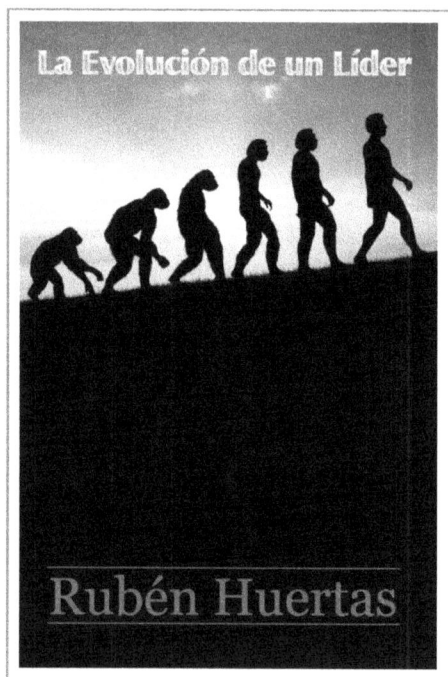

La Evolución de un Líder

Rubén Huertas

La Evolución de un Líder

ISBN 978-0-9961067-3-3

Se dice que los seres humanos hemos nacido para "un momento de gloria". Una ocasión donde, en un breve momento, aquello que es objeto de nuestra influencia, experimenta una transformación total y el mundo nunca vuelve a ser el mismo. ¿Cuándo será ese momento de gloria? No lo sabemos. ¿Dónde será ese momento de gloria? Tampoco lo sabemos.

Lo que sí sabemos es que todo en la vida, nos va preparando para ese momento tan especial. La formación de un líder es vital para prepararnos para la magnitud y el alcance de dicho momento de gloria. Mientras mejores preparados estemos, dentro de las disciplinas y funciones del liderazgo, mayor será el impacto que logremos cuando nuestro momento de gloria finalmente llegue. Este libro presenta los elementos fundamentales para la evolución de un líder.

www.ingramcontent.com/pod-product-compliance
Lightning Source LLC
Chambersburg PA
CBHW071648200326
41519CB00012BA/2440